edition suhrkamp 2099

Es war zu erwarten, daß vor der Jahrtausendwende der Aberglaube Konjunktur haben würde. Besorgniserregend ist allerdings die wissenschaftliche Einkleidung, deren sich gegenaufklärerische Theoreme heute zu bedienen wissen. Der Kreationismus, der nicht nur in den USA immer mehr an Boden gewinnt, ist hier nur das eklatanteste Beispiel.
Bariliers preisgekrönter Essay ist eine brillante Polemik gegen den »Verzicht auf das Denken«, der die religiösen und parareligiösen Fundamentalismen unserer Zeit kennzeichnet. Dabei verfällt er keinem blinden Fortschrittsoptimismus. Aber »es ist etwas anderes, die teuflische Handhabung der Wissenschaft zu brandmarken oder sie selber als teuflisch zu bezichtigen« (Hugo Loetscher in seiner Laudatio).
Der Waadtländer Étienne Barilier, geboren 1947, ist vor allem bekannt als Romancier. Für den vorliegenden Essay wurde er mit dem *Europäischen Essaypreis »Charles Veillon«* ausgezeichnet.

Étienne Barilier

Gegen den neuen Obskurantismus
Lob des Fortschritts

Aus dem Französischen
von Ulrich Kunzmann

Suhrkamp

Die Originalausgabe erschien unter dem Titel
Contre le nouvel obscurantisme. Éloge du progrès
bei Edition Zoé/L'Hebdo, Carouge-Genève/Lausanne.

edition suhrkamp 2099
Erste Auflage 1999

Deutsche Erstausgabe

Satz: Jung Satzcentrum, Lahnau
Druck: Nomos Verlagsgesellschaft, Baden-Baden
Umschlag gestaltet nach einem Konzept von
Willy Fleckhaus: Rolf Staudt
Printed in Germany

1 2 3 4 5 6 – 04 03 02 01 00 99

Inhalt

I

Die große Angst vor dem Jahr zweitausend

Das dritte Jahrtausend, so die ständig wiederholte Meinung Malraux', werde entweder religiös sein oder überhaupt keinen Bestand haben. Eines zumindest ist sicher: Daß das Ende des zweiten Jahrtausends vom Aberglauben geprägt ist. Der Mensch der neunziger Jahre vermag nicht zu glauben, daß ihn das Jahr zweitausend mit heiler Haut davonkommen läßt. Am Abend des 31. Dezember 1999 werden die Planeten erbeben und, wer weiß, sich auf die Seite neigen und in ihren Bahnen ächzen. Sofern sich nicht der Mond jählings der Erde nähert, riesengroß wird und jenes Gesicht zeigt, das er in unserer Kindheit hatte. Sofern nicht gar alles stillsteht – kann schließlich die Zeit weiter so unnahbar schön wie bisher verrinnen? Darf der Kosmos es verschmähen, das Ereignis wirkungsvoll hervorzuheben?

Der Mensch der neunziger Jahre hat Angst. Für alle Fälle läßt er sein Haus in Gebieten mit günstigen magnetischen Strömungen bauen und achtet sorgfältig darauf, sein Bett so aufzustellen, daß er die Wirkung der negativen Wellen aufhebt. Für alle Fälle befragt er Astrologen und Hellseherinnen, zumal wenn er Staatschef ist. Wenn er Wissenschaftler ist, meditiert er gern in Córdoba über das Tao der Physik; er glaubt an ätherische Körper sowie an die Seelenwanderung. Wenn er Torwart ist, überwindet er mit einem Kreuzeszeichen seine Angst vor dem Elfmeter. Als junger Mann interessiert er sich für die Reinkarnation und widmet sich tatkräftig der Aufgabe, Geister und andere Dämonen auszutreiben oder zu bannen. Als Erwachsener gründet er Sekten mit kindischen Namen, die an

Tintin[1] erinnern, und reibt sich opfernd in seinem Sonnentempel auf.

Sobald man Angst hat, gibt es nichts Dringenderes, als sich auf der Stelle in den Mutterschoß zurückzuziehen: Wenn der Mensch der neunziger Jahre nicht zur Sonne betet, vergöttert er daher die Erde; er verehrt ihre Kinder und macht sich zum Schutzherrn der Wale. Wenn er auf unserem bedrohten Planeten läuft, hört er, wie die Steine unter seinen Schritten stöhnen; er bittet sie, seine anmaßende Existenz zu entschuldigen. Die Erde – was weiß er eigentlich von ihr? Warum soll er weiter allem vertrauen, was die Schule und die kalte Technik ihm weismachen wollten? Warum soll er nicht die angeblichen Errungenschaften der Wissenschaft neu durchdenken, indem er von den biblischen *Tatsachen* ausgeht? Kopernikus, Newton, Darwin und Einstein haben Jahwe, wenn nicht gar Gaia gelästert.

Der Mensch der neunziger Jahre glaubt nicht mehr an den Fortschritt. Darauf wird er nicht noch einmal hereinfallen. Wenn er gebildet ist, hat er gelesen, daß das Zeitalter der Aufklärung naiv war und sich auf der ganzen Linie getäuscht hat. Als Alt-Achtundsechziger verfolgt er unerschütterlich und gelassen im Fernsehen, wie Billy Graham über Roland Barthes triumphiert. Es gab eine Zeit, in der es so aussah, als hätte Roland Barthes, wenigstens bei den Intellektuellen, Billy Graham entschieden übertroffen. Eine Zeit, in der die religiösen Fundamentalisten dicht an den spiegelglatten Wänden einer hochmütigen und dem Marxismus nahestehenden Rationalität entlangschlichen. Dieses Zeitalter gehört der Vergangenheit an. Wir wissen nicht mehr, warum zum Teufel die Vernunft »älter« als der Aberglaube sein sollte, wie der alte Zadig bei Voltaire sagt. Wenn

1 Von dem Zeichner Hergé geschaffene Comic-Figur; ein einfallsreicher Junge, der sich in zahlreichen Abenteuern für das Gute einsetzt. (A. d. Ü.)

sich die Erde dreht, warum sollten sich dann nicht auch Tische von selbst bewegen? Getrieben von der Angst, sind wir nun auf dem besten Wege, der Welt wieder magische Eigenschaften zu verleihen.

Dabei bestreiten wir nicht etwa alle Entdeckungen der Wissenschaft und alle Errungenschaften der Vernunft. Leider, könnte man beinahe sagen: Wenn wir sie nämlich offen angriffen, wäre die Sache weitaus klarer. Nein, die meisten von uns erklären sich bereitwillig mit den Vorteilen der technischen Rationalität einverstanden. Wir sehen in der Vernunft ein mitunter bequemes Instrument, ein Hilfsmittel, eine praktische Erleichterung, eine Möglichkeit, nützliche Prognosen aufzustellen. Wir glauben an die Wettervorhersagen, wir glauben an Taschenrechner, wir glauben felsenfest an das Fernsehen. Doch wir wollen uns die Berechnung der Sonnen- und Mondfinsternisse zunutze machen und gleichzeitig die »Televangelisten« oder die Magnetiseure fassungslos anstaunen. Wir wollen nicht mehr zwischen Magie und Vernunft wählen müssen. Hat das Zeitalter nicht eine Vorliebe für den Eklektizismus? Wir sind also nunmehr absolut materialistisch und absolut animistisch. Wir glauben an nichts und lassen uns alles weismachen.

Wenn man die Vernunft vergißt, heißt das nicht lediglich, daß man sich abends in privatem Kreise mit Tischrücken beschäftigt. Es heißt vor allem, daß man jede Hoffnung aufgibt, die politische und gesellschaftliche Realität zu verstehen. Daß man die Welt nicht mehr als ein Beziehungsgeflecht von Individuen und Gruppen, sondern als Wirkungsfeld anonymer, unmenschlicher, unkontrollierbarer Kräfte wahrnimmt. Kurz gesagt, als Sphäre der *Notwendigkeit* oder des *Schicksals*. Wir kennen keine Freunde oder Feinde mehr, nur noch Annehmlichkeiten und Plagen. Wir können und wollen unsere Ängste und Hoffnungen (wenn uns welche geblieben sind) nicht mehr mit dem bewußten und eindeutigen Projekt eines Mannes (wie früher Hitlers oder Stalins), einer gesellschaftlichen Klasse (wie einst der Bourgeoisie) oder eines Systems (wie ehemals des Kapitalismus bzw. des Kommunismus) identifizieren: Gleich allen großen Ängsten kann die Angst vor dem Jahr zweitausend nicht sagen, welchen Grund sie hat. Wir glauben nicht mehr an unsere Vernunft, doch genausowenig an die der anderen.

Der Krieg, der an unseren Grenzen tobt? Wir fürchten seine *Ansteckungskraft*. Die Ausländer, »die uns überfremden«? Wir fürchten sie wie eine Naturkatastrophe; wir haben Angst, daß sie über unser Europa so herfallen, wie Ameisen ein Schwein zernagen. Die Umweltverschmutzung, die Armut der Dritten Welt? Sicherlich sind wir noch damit einverstanden, sie als vom Menschen verursacht anzusehen, doch wir glauben nicht mehr, daß sie einer bestimmten kollektiven und bewußten Absicht zu Verschmutzung und Verelendung folgen, so wie das Abendland sie sich noch vor kurzem selbst zuzuschreiben bereit und fähig war. Die Weitergabe der Atomwaffen? Im kollektiven Bewußtsein bedeutet sie soviel wie die Verbreitung eines pestilenzialischen Gases in der Atmosphäre. Früher fürchtete man, daß »die Russen« beschließen könnten, die Bombe abzuwerfen. Die einzigen Beteiligten, die man heute fürchtet, sind die Zauberlehrlinge, die schwachsinnigen Handlanger des *Fatums*. (Die »islamistischen Kämpfer« stellen eine Bedrohung dar, die kaum deutlichere Konturen gewinnt: Wir trauen ihnen nicht mehr Verstand als dem Schicksal selbst zu.)

Trotzdem: Der Krieg ist keine Pest, die industrielle Umweltverschmutzung kein Heuschreckenschwarm und die islamistische Gewalt nicht jene Gottes. Wenn der einzelne nicht unmittelbar für die Konflikte und Krankheiten auf der Erde verantwortlich ist, so heißt das noch lange nicht, daß jede Art von Gewalteinwirkung eine Plage der Natur sei und daß alles, was zur Welt gehört, dem Menschlichen fernstünde. Sicher hatte der Hippie der sechziger Jahre unrecht, wenn er sich für die Apartheid in Südafrika oder den Vietnamkrieg *verantwortlich* erklärte. Sicher liebte er die Nordvietnamesen zu sehr und seinen Flurnachbarn zuwenig. Doch immerhin war seine Absicht gar nicht so schlecht: Er wollte, daß die Welt (oder die Zukunft, um Denis de Rougemont zu paraphrasieren) ein wenig seine eigene Angelegenheit sein sollte.

Gestern sagte man sich von der Nächstenliebe los, indem man sich auf die Liebe zu den Fernstehenden berief. Heute hebt man die Arme zum Himmel und sagt sich von allem los. *Da es nun einmal* Aids, die unkontrollierbare Bombe, das Anwachsen des Nationalismus, den Haß zwischen Volksgruppen, den religiösen Fanatismus gibt, sind *folgerichtig* alle menschlichen Bemühungen, alle Bemühungen der Vernunft und der Wissenschaft vergebens: Das ist unser enttäuschtes Credo. Wenn nun aber derartige Bedrohungen sehr real sind, so gerade deshalb, *weil* wir das Vertrauen in die uns eigene Vernunft, in die uns eigene Freiheit, in das uns eigene Erkenntnisvermögen verloren haben. Und im Endeffekt kann in unseren fein leergeräumten Schädeln der Wind der Angst ganz nach Belieben wehen.

Deshalb lassen wir in der menschlichen Welt, die unsere eigene ist, allein die *Macht* uneingeschränkt walten. Wie in den besten Zeiten der vereinfachenden Ideologien (dies jedoch aus bloßem Fatalismus, wobei wir uns überhaupt nicht bewußt sind, daß wir denken und durch das Denken vereinfachen) lassen wir gelten, daß die Geschichte der Menschheit »nur« die Geschichte der (technischen, wissenschaftlichen, politischen) Macht sei, denn sie sei ja die Geschichte *der* Mächte eines archaischen Schicksals. Damit diejenigen ganz ungeniert auftreten können, die sich wirklich des Zwangs oder der Lüge bedienen: die Zyniker aller Art, die Gewalttätigen eines jeden Ordens, die Lügner aller Schattierungen.

Dieser Entwicklungsprozeß hat bereits begonnen. Nicht daß die Welt von heute um so viel barbarischer wäre als die von gestern. Doch sie ist es auf eine schamlosere Weise. Sie knüpft an frühere Zeiten an und stützt sich, um sich zu rechtfertigen, auf nicht mehr oder weniger als das *Heilige*. Vor kurzem noch verschanzte sich der »real existierende Sozialismus« hinter den Notwendigkeiten der Geschichte, um die Lager zu rechtfertigen. Seine Rhetorik war die des atheistischen Materialismus. Von Jugoslawien bis Algerien, ganz zu schweigen von Rußland oder dem Nahen Osten, beruft man sich heute wieder auf »Gott«, um das Schändliche zu legitimieren. Noch vor wenigen Jahren hätte diese unsinnige Regression einfach lächerlich und grotesk gewirkt. Heute reizt sie nicht mehr zum Lachen. Nicht allein deshalb, weil sie blutig ist, sondern auch, weil sie uns schutzlos trifft, nachdem wir unsere geistigen Waffen auf tragische Weise eingebüßt haben. Sollten wir etwa den Verstand verloren haben?

Zu allen Zeiten hat die Gewalt zu der List gegriffen, den Beistand »Gottes« zu suchen. Doch wenn man diese List anprangern will, muß man zunächst einmal die Verantwortung für die Gewalt übernehmen, sie als eine menschliche Angelegenheit anerkennen. Wenn wir Widerstand gegen die Barbaren leisten wollen, müssen wir zunächst einmal diese ursprüngliche Barbarei zurückweisen, die im Verzicht auf die Vernunft besteht. Alles, was unser Geist in seiner kleinen, behaglichen Heimstatt den okkulten Kräften, den Gestirnen und magnetischen Strömungen überläßt, überläßt er – innerhalb der Welt – der blinden Gewalt. Die vorgebliche »religiöse Erneuerung« ist lediglich eine Erneuerung des Aberglaubens. Sie ist eine Form, sich von der

Materie beherrschen zu lassen und jede Verantwortung abzulehnen. Sie ist ein Materialismus, der sich selbst nicht kennt. Wie sollten wir nicht machtlos sein gegen die Barbarei, da wir selbst Barbaren sind, indem wir uns – in aller Unaufrichtigkeit – als nicht verantwortlich erklären für die uns bestimmenden Kräfte und Gewalten?

Ich möchte, weil dies not tut, zeigen, in welchem Maße unser materialistisches Versagen von einer angstvollen *Wahl* verursacht wird. Ich möchte zeigen, wie unser Fatalismus, unser geschwundenes Vertrauen in die Verständlichkeit der Welt und der menschlichen Handlungen von Angst und Heuchelei bewirkt werden. Ich möchte auf Denken und Vernunft setzen. Ohne daß ich lächle und ohne daß man über mich lächelt, möchte ich versuchen, die menschliche Autonomie, den menschlichen *Fortschritt* zu loben. Durchaus nicht, falls man das noch klarstellen muß, nach Art des »bornierten 19. Jahrhunderts«. Niemand denkt mehr daran, ein stumpfsinniges Loblied auf die technische Zivilisation und ihre materiellen Errungenschaften zu singen. Doch genau darum geht es: Die wahre Idee des Fortschritts ist zuerst und vor allem eine Verstandesidee und eine seelische Tätigkeit, nicht das Problem der Materie oder der Technik.

Vor über hundert Jahren hat Baudelaire gesagt, was man vom rein materiellen Fortschritt und vom einfältigen Glauben an das Licht dieses »düsteren Fanals«[2] zu halten habe. Doch damit wollte er eine bessere Grundlage für die Hoffnung auf einen inneren Fortschritt und eine kollektive Existenz schaffen, die nicht sinnlos wäre: »Die wahre Zivilisation ist nicht im Gas, nicht im Dampf, nicht in den Klopfgeistern und im Tischrücken. Sie liegt in der Spuren-

2 Vgl. Ch. Baudelaire, *Œuvres complètes*, Bd. II, La Pléiade, Gallimard, 1976, S. 580. – Zit. nach: Charles Baudelaire, »Der Künstler und das moderne Leben«, hg. von Henry Schumann, Leipzig, Reclam, 1990, S. 144.

verminderung der Erbsünde.«[3] Mit anderen Worten: Die wahre Zivilisation ist keine Errungenschaft im Raum, sie ist Wille in der Zeit. Ohne diese geistige Arbeit ist die Barbarei immer gewiß, weil sie dann immer legitim bleibt. Das Gegenteil der Gewalt ist nicht Sanftheit, sondern das Denken.

3 *Œuvres complètes*, Bd. I, S. 697. – Zit. nach: Charles Baudelaire, »Kritische und nachgelassene Schriften«, hg. von Franz Blei, übersetzt von Franz Blei und Heinrich Steinitzer, München, Georg Müller, 1925, S. 351.

II

Die sinnentleerte Geschichte

Wir »glauben« nicht mehr an die Geschichte. Genauer gesagt, wir haben den Sinn dieses Wortes entstellt. Das ist der Grund unserer Verunsicherung: Denn es fällt tatsächlich sehr schwer, noch an die Geschichte – wie wir sie uns heute vorstellen – zu glauben.

Vor einiger Zeit, während der Euphorie nach dem Fall der Berliner Mauer, veröffentlichte ein französisches Wochenblatt eine Landkarte, die zeigte, in welchen Weltgegenden politische Freiheit herrschte. Der rosarote Farbton, der des demokratischen Glücks, bedeckte reichlich zwei Drittel der Erdkarte, was auf die Bonbonfarbe jener großen Länder zurückzuführen war, die »sich in einem Demokratisierungsprozeß befinden«, wie etwa China – ja: China. Wenig später dehnte sich der schwarze Fleck jener Länder, in denen sich ein mörderischer Nationalismus entwickelte, mit vollem Tempo aus. In größter Eile mußte man die Karte neu kolorieren.

Es handelt sich hier um eine allgemein verbreitete Erscheinung, und man nennt sie »den immer schnelleren Ablauf der geschichtlichen Ereignisse«: Die Berliner Mauer fällt, es folgt ihr in ihrem Sturz Gorbatschow – bedeutet das nicht den ideologischen Sieg des Liberalismus? Dann aber bricht der Krieg in Jugoslawien aus: Ist das nicht ein Beweis, daß wir zurückgefallen sind, anstatt voranzukommen, und daß die Geschichte nunmehr das Wiedererstarken des Nationalismus und der ethnischen Partikularismen sanktioniert? Wir haben gerade erst den Versuch unternommen, diese neue Realität geistig zu verarbeiten, als die algerische Tragödie und im weiteren Sinne der islamische Fundamentalismus das Bild wieder grundlegend verändern: Dominiert nicht schon heute der religiöse Radikalismus, und stellt er nicht eine Bedrohung für morgen dar? Gehen wir nicht neuen Heiligen Kriegen entgegen?

Und diese Aufzählung ließe sich fortsetzen. Jeder erkennt an, daß die Welt von gestern, die ebenso gewalttätig wie die heutige war, weniger Überraschungen bereithielt. Die Weltszenerie veränderte sich nicht in jedem Augenblick. Deshalb verfallen manche darauf, sich nach der guten alten Zweiteilung zurückzusehnen. Wenn uns aber die gegenwärtigen historischen Umwälzungen derart erschrekken, dann nicht deshalb, weil sie so zahlreich sind, sondern weil wir, gerade wir, *die Welt nach unserem Augenmaß interpretieren* wollen. Bei jedem neuen Ereignis gestalten wir unsere Philosophie um, was sich mit jenen Enzyklopädien vergleichen läßt, die monatliche Neubearbeitungen anstreben. Ohne es selbst zu wissen, glauben wir nämlich, daß wir den Sinn der Geschichte aus der Abfolge der historischen Fakten ableiten können und müssen. Kurz gesagt, wir machen Geschichte nach dem Muster der Fernsehnachrichten. Wir hoffen, einzig und allein in der Gegenwart den Sinn, im Ereignis das Wesen zu finden. Wir vergessen, daß das bloße Ereignis, so stark es auch wirken mag, nicht zwingend einen Sinn vermittelt. Es bietet sogar überhaupt keinen Sinn. Die Gegenwart ist an sich nichts, ebensowenig wie die Tatsache an sich. Man braucht einen zeitlichen Abstand, man muß eine Wahl, eine Entscheidung treffen. Banalitäten? Vielleicht; allerdings hat man sie vergessen.

Es scheint sicher, daß uns die großen Geschichtsphilosophien nicht mehr helfen können: Sie sind in Mißkredit geraten. Doch es geht gerade um die Frage, bis zu welchem Grad Philosophien durch Fakten diskreditierbar sind. Wenn eine beliebige »Tatsache« eine Philosophie, gleichgültig welche, vollständig diskreditieren kann, sind wir dazu verurteilt, im Zickzack herumzulaufen, mit der Nase am Boden, dem Tagesgeschehen auf der Spur, wie ein Hund, der mehr oder minder fäkalen Gerüchen hinterherläuft. Müssen wir etwa glauben, weil Marx widerlegt ist (und was soll das eigentlich heißen?), daß jede menschliche Fortschrittsidee ihren Wert verloren hat?

Hierin besteht die eigentliche Tragödie: Während wir glauben, den Marxismus überwunden zu haben, sind wir in das zurückgefallen, was Marxens fragwürdigste Seite war (wozu er sich indes wenigstens ganz eindeutig bekannte und was er gewissermaßen durch die Dialektik selbst in Frage stellte): den Materialismus. Den plattesten, am allerwenigsten dialektischen Materialismus, während wir gerade nach »geistiger Erneuerung« streben und unsere Opfergaben an die neuen Götter in den neuen Tempeln vervielfachen. Heute sind wir von den Tatsachen geknebelt, Sklaven des Ereignisses, der unmittelbaren Gegenwart. Wir haben darauf verzichtet, die Geschichte einem geistigen Verarbeitungsprozeß zu unterziehen; und was uns an Denken geblieben ist, wirbelt in den verderblichen Stürmen des »Tagesgeschehens« hin und her.

Im Gegensatz zu dem, was man sich vorstellen könnte, ist diese Erscheinung nicht oder jedenfalls nicht vollständig auf die jüngsten historischen Ereignisse zurückzuführen. Nicht die unglücklichen Erlebnisse der Menschheit lassen uns am Fortschritt zweifeln. Wenn man nämlich von diesem Gesichtspunkt ausginge, hätten Auschwitz oder der Gulag in uns jede Hoffnung auf eine sinnvolle und gedanklich erfaßbare Bewegung der Geschichte radikal zerstören müssen. Nun war das aber nicht der Fall. Auschwitz und der Gulag haben uns auf entsetzliche Art gezeigt, daß man Verrat an der Aufklärung üben konnte, gewiß; damit haben sie den Menschen jedoch nicht in grenzenlose Verzweiflung an der Geschichte gestürzt. Sie haben nicht die Vorstellung von einem »Sinn« der Geschichte zerstört. Es läßt sich sogar sagen, daß sie im tiefsten Grunde unser Verlangen nach einem Sinn erneuert haben.

Was nun das gescheiterte kommunistische Regime betrifft, so hatte es, lange bevor es in der UdSSR verschwand, keinen Zweifel an dem historischen Fortschritt gelassen, als dessen Verkörperung es sich darstellte: Man erkannte weiter an, daß der Sozialismus, ungeachtet seiner Fehler und Mängel, sich durchgesetzt hatte. Er existierte, er prägte eine Etappe in der politischen Entwicklung der Menschheit; und demzufolge konnten seine idealistischen Gegner ruhig glauben, daß ein Fortschritt *über den realen Kommunismus hinaus* erreichbar wäre: Die humanistischen Ideale des Marxismus wurden herabgewürdigt? Damit war nicht gesagt, daß man sie eines Tages nicht doch verwirklichen müßte und könnte; das verhinderte nicht, daß die Menschheit eine bestimmte *Richtung*, und zwar die richtige, eingeschlagen hatte, selbst wenn sich das auf bloße Worte beschränkte. Der reale Kommunismus hatte also nicht wirklich den mehr oder weniger impliziten Glauben an eine positive Entwicklung oder zumindest an eine sinnvolle und fortschreitende Geschichte der Menschheit erschüttert. Gerade die Existenz falscher Propheten und falscher Erlöser machte es noch möglich, an die wahren zu glauben.

Und dann kamen der Fall der Mauer und die Geburt eines heiligen Rußland, das imperialistisch und brutal wie eh und je, jedoch nicht marxistisch war. Mit anderen Worten, eine beinahe hundertjährige Heldengeschichte löste sich schlicht und einfach in Luft auf. Und wie ein Ungeziefer unter dem endlich fortgewälzten Stein des Despotismus kroch nun das lebhafte Gewühl des vielgestaltigen und mit religiösem Fanatismus verquickten Nationalismus ans helle Tageslicht. Damals ist unser Glaube an die Rationalität der Geschichte schlagartig zusammengebrochen; ohne Zweifel war dies der Glaube des Fernsehzuschauers, dieses Köhlers des 20. Jahrhunderts. Doch sein Gott war nur der Augenblick, das Ereignis, das *Tagesgeschehen*.

Wir sind so sehr Materialisten, wie wir es nie zuvor waren. Hierfür kann man ein höchst aufschlußreiches Zeichen in einem Buch finden, das Ende der achtziger Jahre erschien und das damals großes Aufsehen erregte. Dieses Werk und die Reaktionen, die es hervorrief, sind ein Zeugnis für die Situation, in der wir uns heute befinden: die vollkommene geistige Leere, die vollkommene Gedankenlosigkeit, die sich jedoch selbst nicht kennt.

Dieses Buch ist *Das Ende der Geschichte. Wo stehen wir?* des amerikanischen Denkers Francis Fukuyama. Seine These? Die Geschichte – mit großem Anfangsbuchstaben –, die von der abendländischen Philosophie beschworene Geschichte, die Geschichte als sinnvolles und fortschreitendes Abenteuer des Menschen in der Welt, ist wahrscheinlich *beendet* – und ihr Ende scheint glücklich zu sein.

Warum sollte die Geschichte beendet sein? Fukuyama zufolge verhält es sich so, daß stets zwei Kräfte die Menschheit zum Handeln veranlaßt haben: einerseits der kumulative und nicht umkehrbare Fortschritt der Naturwissenschaften[1] und andererseits ein geistiges oder sittliches Streben, der »Kampf um Anerkennung«.[2] Diese beiden Kräfte hätten die Menschen nach und nach zur *Demokratie* geführt, einem System, das fortan keinen Widerpart mehr habe – wenn man von der Diktatur kommunistischen Typs absehe. Doch nun sei ja gerade der Tod des Kommunismus eingetreten. *Ergo*: Wenn es wahr sei, daß die Geschichte aus den Kämpfen des Menschen bestehe, gleichzeitig Wohl-

1 Vgl. Francis Fukuyama, *Das Ende der Geschichte. Wo stehen wir?*, aus dem Amerikanischen von Helmut Dierlamm, Ute Mihr und Karlheinz Dürr, München, Kindler, 1992, vor allem S. 137.

2 A. a. O., S. 204.

stand und Würde zu erlangen, könnte sie, da sie in der kapitalistischen »liberalen Demokratie«[3] ihren Höhepunkt erreicht habe, heute durchaus an ihr Ende gekommen sein.

Wir denken an all die schrecklichen Erschütterungen der heutigen Welt, und wir halten diese Diagnose für reichlich leichtfertig. Aber das ist nicht der wesentliche Punkt. Es kommt darauf an zu sehen, wie der Autor vorgeht und auf welche Weltanschauung er sich stützt, um so das Ende der Geschichte zu verkünden: Unsere gesamte Gesellschaft kann sich leider in dieser Weltanschauung wiedererkennen.

Zunächst einmal ist man ziemlich überrascht: Fukuyama behauptet, daß er sich entschieden auf den Standpunkt des Hegelschen *Spiritualismus* stelle: »Wir verdanken Hegel wichtige Erkenntnisse, die heute unser Bewußtsein prägen«[4], versichert er. Und wenn er sich derart eindeutig auf den Hegelianismus beruft, um die heutige politische Realität zu erklären, so geschieht das nicht trotz der Niederlage des Marxismus, sondern gerade *ihretwegen*.[5] Unser Autor versteht sich somit als Herold eines wiederentdeckten Spiritualismus, den die gegenwärtige Welt angeblich glänzend bestätige.

Doch man wird feststellen, daß gerade seine Sicht der Geschichte nichts Spiritualistisches hat. Ganz im Gegenteil. Und die Begriffsverwirrung, die er sich in bezug auf Hegel zuschulden kommen läßt, ist kein harmloser Fehler, der es gerade noch verdiente, Berufsphilosophen zu interessieren. Nein, er verrät einen weitverbreiteten Geisteszustand, er bekundet die alltägliche Gedankenlosigkeit. Doch um welche Begriffsverwirrung geht es? Um sie besser zu begreifen,

3 A. a. O., S. 383.
4 A. a. O., S. 99.
5 »Aber inzwischen [...] ist der Marxismus als Basis für eine reale Gesellschaft weltweit so spektakulär gescheitert, daß man sich fragen muß, ob Hegels Universalgeschichte letztlich nicht doch die prophetischere war.« (A. a. O., S. 106.)

muß man zu den Quellen zurückgehen und hierauf langsam ihrem Lauf folgen, um zu entdecken, wer sie vergiftet.

Hegels *Phänomenologie des Geistes*, ein Leitstern, nach dem sich Fukuyama, wie er behauptet, richtet, hat ihren Titel wahrlich verdient. Dieser Text hat gewiß mehr für den *revolutionären* Elan des 19. und 20. Jahrhunderts als selbst Marxens gesammelte Werke getan: Er schildert nämlich enthusiastisch *das geistige Abenteuer des Fortschritts.* Dieses Buch ist ein Initiations- und Kampfroman, ein Aufstieg zum Licht. Von seinen vielgestaltigen und mitreißenden Gedankengängen bleibt uns wenigstens ein unauslöschlicher, überwältigender, unbestreitbarer Eindruck: der einer ungeheuren Beseeltheit der gesamten Wirklichkeit allein durch den Atem des Geistes und einer Aufhebung der historisch-konkreten Welt in einer immateriellen Geschichte; kurz: der eines Idealismus, der kraftvoll genug ist, um alles, was er berührt, in Geist zu verwandeln. Glorreich vermag der Philosoph dem materiellen Ereignis einen geistigen Sinn abzuringen.

Genau das hat übrigens Marx an ihm kritisiert: daß er die Geschichte unangemessen vergeistigt hätte.[6] Und es ist allgemein bekannt, daß der berühmte Lehrsatz »Nicht das Bewußtsein bestimmt das Leben, sondern das Leben bestimmt das Bewußtsein«[7] die *»Illusion Hegels«*[8] anprangern soll. Marx wußte also sehr genau, mit wem er es zu tun hatte. Er läßt sich dem Autor der *Phänomenologie* gegenüber keine Begriffsverwirrung zuschulden kommen: Er tadelt Hegel,

6 »Nachdem einmal die herrschenden Gedanken von den herrschenden Individuen [...] getrennt sind und dadurch das Resultat zustande gekommen ist, daß in der Geschichte stets Gedanken herrschen [...]. Dies hat die spekulative Philosophie getan. Hegel gesteht selbst am Ende der ›Geschichtsphilosophie‹, daß er ›den Fortgang *des Begriffs* allein betrachtet‹« (Karl Marx/Friedrich Engels, *Die deutsche Ideologie*; zit. nach: Dies., *Werke*, Bd. 3, Berlin, Dietz, 1959, S. 48-49).

7 Ebd., S. 27.

8 Ebd., S. 14. Hervorhebungen der Autoren.

sich der Wirklichkeit gegenüber eine Begriffsverwirrung zuschulden kommen zu lassen, was etwas ganz anderes ist.

Andere, spätere Leser und Kommentatoren Hegels waren indes weniger aufrichtig als Marx. Zu ihnen gehört der berühmte Alexandre Kojève, dem es in der Zeit seines öffentlichen Wirkens gelang, mit seinen ätzenden Analysen eine ganze Generation von französischen Denkern (von Bataille bis Lacan, und das gilt ebenso für Queneau, Breton und Merleau-Ponty[9]) zu faszinieren. Bedauerlicherweise dient nun gerade er unserem Autor Fukuyama als Lehrmeister. Ganz allgemein läßt sich sagen, daß Kojève eine kryptomarxistische Deutung Hegels vornahm: Marx tadelte Hegel, nicht materialistisch genug zu sein.[10] Kojève hingegen »materialisiert« Hegel. Er verheimlicht seine wahre Absicht (während Marx ganz offen auftrat), denn er gewinnt seine Hörer für die leidenschaftliche Bejahung des Geistes – dies aber im Dienst der materiellen Notwendigkeit. Kojève ließ also in den Köpfen ein furchterregendes Ungeheuer entstehen: den materialistischen Idealismus.

Waren sich Merleau-Ponty, Queneau, Bataille und die übrigen bewußt, welche Begriffsverwirrung man ihnen virtuos auftischte? Sicher haben sie sich in großem Umfang an dieser heimlichen Marxisierung Hegels selbst beteiligt, die ihre Seele für die Sache der Materie begeisterte oder die,

9 Vgl. Jean-Michel Besnier, *La politique de l'impossible*, Paris, La Découverte, 1988, S. 39.

10 Ist Hegel für den Materialismus des Linkshegelianismus »verantwortlich«? War Marx ansatzweise in Hegel vorgebildet? Hierüber hat man endlos diskutiert; man hat diesen Standpunkt vertreten, und er läßt sich immer noch vertreten. Trotzdem ist es eine Tatsache, daß die Linkshegelianer und vor allem Marx einen radikalen Bruch mit der Philosophie des Meisters vollziehen. Die treuen Schüler Hegels, die »Althegelianer«, haben sich in diesem Punkt nicht geirrt. Sie haben, wie etwa Rosenkranz, festgestellt, daß die »Junghegelianer« den Glauben an die Vernunft und die Fähigkeit verloren haben zu entdecken, wie der Begriff in der Wirklichkeit am Werk ist. Siehe hierzu Karl Löwith, *Von Hegel zu Nietzsche*, Hamburg, Meiner, [9]1986, S. 78ff.

wenn man diese Formulierung bevorzugt, ihren Spiritualismus unter dem bedrohlichen Schutzschild des Materialismus verbarg.

Doch unseren neunziger Jahren, angekündigt durch Fukuyamas *Ende der Geschichte*, ist nun anscheinend ein Betrug nicht mehr bewußt, den die Batailles und Lacans (vielleicht) noch mit klarem Verstand auf sich genommen hatten. Fukuyama kehrt, wie er behauptet, zu Hegel zurück, doch er deutet Hegel, *den er nur durch die Vermittlung Kojèves sieht*, auf eine extrem materialistische Art, womit er sich höchst treuherzig die radikalste – und bedeutsamste – Begriffsverwirrung zuschulden kommen läßt. Von der Kojèveschen Deutung bewahrt er für sich und uns jene verschwommene, unlautere und verderbliche Idee, daß der Sinn der Geschichte von den historischen Ereignissen – und von ihnen allein – bestätigt werde. Und wenn er Marx für überwunden hält, so gerade im Namen einer *unbewußten* Abart des Marxismus. Daher glaubt er, er habe den Materialismus aufgegeben, weil er sich von Marx abgewandt habe. Doch indem er auf Kojèves Hegel zurückgreift, verfällt er einem weitaus rigoroseren Materialismus. Hegel sah in der Geschichte allein das Werk des Geistes. Kojève behauptet mit einer gewissen Dreistigkeit, daß der Geist nichts anderes als die Geschichte oder die treibenden Kräfte der Geschichte, insbesondere Napoleon, sei.[11] Daher kann er zusätzlich Sta-

11 Ist Napoleon wirklich der Hegelsche Weltgeist? »Ich habe es in der *Phänomenologie* gelesen«, versichert Kojève. (Vgl. seine *Introduction à la lecture de Hegel*, Coll. Tel, Gallimard, S. 195 und S. 311, Anm. 1. – Auszugsweise deutsch unter dem Titel: »Hegel. Eine Vergegenwärtigung seines Denkens«, hg. von Iring Fetscher, aus dem Französischen von Iring Fetscher und Gerhard Lehmbruch, Frankfurt a. M., Suhrkamp, 1975.) Er hat es gelesen, gewiß. Aber Hegel hat es nicht geschrieben. Die gleichen unzulässigen Vereinfachungen finden sich auch bei Karl Popper, einem der heftigsten Feinde Hegels, in *Die offene Gesellschaft und ihre Feinde* (vgl. Karl Popper, *La société ouverte et ses ennemis*, Bd. 2, Le Seuil, 1979, S. 34). Der Unterschied ist lediglich, daß

lin in die Liste aufnehmen und aus Hegel den Propheten der objektiven historischen Tatsachen machen. Der ihm nacheifernde Fukuyama wird es nicht versäumen, das »Ende der Geschichte« mit Gorbatschow eintreten zu lassen (ohne daß er offenbar Boris Jelzin vorausgesehen hat).

Kojève, der erklärte Materialist, soll also Fukuyama, dem angeblichen Spiritualisten, das geistige Rüstzeug liefern. Und so sollen wir, seine Leser, in aller geistigen Einfalt getäuscht werden; so soll unser eigener Geschichtsfatalismus die Unterstützung einer angeblich wiedergefundenen Geistigkeit erhalten. Für derartige Streiche sind wir ein gutes Publikum. Das erklärt wahrscheinlich den beachtlichen Erfolg von *Das Ende der Geschichte*.

In Fukuyamas Werk hat sich also unsere Post-Modernität verraten. Von der groben Illusion überwältigt, daß wir den Materialismus endgültig verabschiedet haben, unterwerfen wir uns völlig unbewußt der materiellen Notwendigkeit (bei Kojève finden sich wenigstens immer wieder materialistische Glaubensbekenntnisse). Wir nehmen nicht wahr, daß Fukuyama eine deterministische Deutung des Werdens durch eine andere ersetzt, die dem historischen *Fatum* noch sklavischer unterworfen ist. Man macht die Ereignisse zu Richtern einer Geschichtsphilosophie, und man behauptet, daß man den Materialismus überwunden habe!

Wenn Fukuyama (den ich, ich wiederhole es, für einen mustergültigen Vertreter einer bestimmten zeitgenössischen *Doxa* halte) sich derart unbekümmert auf seinen Irrtum versteift, so ganz einfach deshalb, weil die Welt in seinen Augen Materie ist, und zwar reine Materie, was so offenkundig wie die Tatsache erscheint, daß die Sonne im Westen untergeht. Mit Fukuyama sind wir Fatalisten, ohne

Hegel von Popper getadelt wird, weil er vollendete Tatsachen vergöttere, während Kojève ihn dazu beglückwünscht. Doch der Hegel, den beide sich vorstellen, ist ein Produkt ihrer Phantasie.

es zu wissen, und Zyniker, ohne es zu wollen. Wir sind die ersten Vertreter einer seltsamen neuen Art: jener der Materialisten, die sich für Spiritualisten halten. Was in den Erklärungen Kojèves noch kühn und brutal wirken mochte (die Wahrheit wird am Erfolg gemessen[12]), das erleben wir als eine banale und selbstverständliche Tatsache. Deshalb ist in unseren Augen die *Idee* des Kommunismus durch die gegenwärtige historische Entwicklung diskreditiert. Ich weiß, der marxistische Materialismus unterwirft sich, wie es seinem Wesen entspricht, selber derartigen Urteilen. Doch darum geht es ja: Um unsererseits solche Urteile zu äußern, müssen wir seine Sichtweise teilen.

Hieraus erklärt sich unsere Unbeständigkeit, unsere philosophische Zyklothymie. Beim Fall der Berliner Mauer jubelten wir: *Gerade weil* der Kommunismus im Sterben liege, triumphiere die Idee der liberalen Demokratie. Ein paar Monate später verzweifelten wir angesichts der Ereignisse in Jugoslawien oder Algerien (so daß wir die schwarze Gegenversion des Fukuyamaschen Optimismus erfanden): *Gerade weil* Nationalismus und religiöser Fatalismus virulenter als je zuvor seien, erwiesen sie sich *folgerichtig* als die Wahrheit der Welt und der Geschichte, und die Vernunft sei also unnütz.

Als Lenin hinausposaunte: »Die Lehre von Marx ist allmächtig, weil sie wahr ist«[13], konnte Wladimir Iljitsch, wie man hoffen darf, sich noch bewußt sein, daß er an diesen Satz glaubte, weil er ihn genau umgekehrt verstand. Nach dem Beispiel Fukuyamas spricht heute die ganze Moderne oder das, was von ihr übriggeblieben ist, wie Lenin, und wie

12 Vgl. *Introduction à la lecture de Hegel*, S. 95.

13 Eine Formel, der Ernst Bloch frenetisch Beifall zollt und die er als »schlagendes Diktum« bezeichnet (vgl. *Das Prinzip Hoffnung*, Frankfurt a. M., Suhrkamp, 1985, 1. Bd., S. 322). Wir werden auf die Gedanken dieses Philosophen zurückkommen, dessen Marxismus nicht weniger seltsam als der Kojèves ist.

er denkt sie genau das Gegenteil: Die Lehre der Tatsachen ist wahr, weil sie erfolgreich ist; doch im Gegensatz zu Lenin sind wir uns nicht mehr im mindesten bewußt, daß wir uns allein der Macht der Dinge beugen.

So ist unser Antihistorizismus oder unser Geschichtsfatalismus beschaffen. Jeden Tag zeichnen wir unsere Weltkarte mit ihren rosaroten Regionen und ihren schwarzen Flecken neu, den Lehren des jeweiligen Augenblicks entsprechend – der eben keine Lehren vermittelt. In dieser Sichtweise ist die Geschichte keine Philosophie oder Tragödie und selbst keine Schmierenkomödie mehr, sondern ein Hintertreppenroman. Wir vergessen diese elementare Wahrheit: Die menschliche – politische und soziale – Realität ist nicht die Sache eines *Deus ex CNN*. Sie wird interpretiert, gewollt, gestaltet. Es gibt einen Sinn in der Geschichte, wenn wir uns entscheiden, der Geschichte einen Sinn beizulegen. »Die Menschheit hat eine Geschichte, weil sie nach einer Bestimmung für sich sucht«, schrieb der junge Raymond Aron in den dreißiger Jahren.[14] Eine banale und offenkundige Tatsache, wie er selbst zugegeben hätte. Sie ist banal, gewiß, nur nicht für die dogmatischen, materialistischen und deterministischen Philosophen, die, überzeugt davon, an das »Spirituelle« anzuknüpfen, das Unbewußte unserer Zeit verdecken.

14 Vgl. Raymond Aron, *Introduction à la philosophie de l'histoire*, Gallimard, Coll. Tel, Nr. 45, S. 43.

III

Darwin? Eine Theorie!

Der Schlaf der Vernunft bringt wie immer Ungeheuer hervor: Wenn wir Geschichtstheorien haben, sind das Theorien, die von Komplotten ausgehen. Heute erleben antisemitische und freimaurerfeindliche Wahnvorstellungen sowie Erklärungen des Weltgeschehens durch Verschwörungen oder Geheimgesellschaften eine neue Blütezeit. Das Fehlen eines Sinns schleppt wie einen riesigen und bedrohlichen Schatten ein Übermaß an Sinn hinter sich her. Die manisch-depressive Psychose ist so zur Philosophie oder wenigstens zum kollektiven Geisteszustand geworden. Nichts hat irgendeine Bedeutung, und plötzlich soll alles etwas bedeuten, was widernatürlich wirkt. Der Sinn entzieht sich uns oder verfolgt uns. Und das stets aus demselben Grund: Wir erwarten, daß dieser Sinn außerhalb von uns existiert, daß er uns gegeben wird. Daß er uns wie ein gebratenes Huhn in den Mund fliegt. Wir glauben, daß es ihn entweder gibt oder nicht, und wir vergessen, daß man ihn wollen und gestalten muß.

Die gleiche Psychose bestimmt unser Verhältnis zur »Wissenschaft«. Wir, als unbewußte Erben des Neopositivismus, haben ihr einst oder noch jüngst ganz und gar blindlings vertraut. Und mit nicht geringerer verblendeter Heftigkeit sind wir auf einmal geneigt, sie vollständig abzulehnen. Sie war alles, nun ist sie nichts mehr. Vor allem wollen wir nichts davon wissen, daß sie etwas sein könnte.

Die dreistesten Hirngespinste über Welt oder Materie, über die »Kräfte«, die unsere Taten und Gedanken beherrschen, machen sich überraschend schnell und mühelos auf den Zeitungsseiten breit, ziehen das Vertrauen auf sich und verunreinigen die Reflexion. Ein herausgegriffenes Beispiel: Das hanebüchene Hirngespinst der »Geobiologie«, daß wir unser Bett oder unseren Schreibtisch nach den Kraftlinien eines ebenso mysteriösen wie übermächtigen »Magnetismus« ausrichten müssen (der aber, wie es den guten Traditionen des esoterischen Mystizismus entspricht, sein Wesen ändern kann, wenn wir ihn bewältigen, und aus einer äußerst bösen Erscheinung zu etwas vollkommen Gutem wird).

Die magische »Geobiologie« hat ganz gewiß nichts mit der Wissenschaft gleichen Namens (der Biologie der Erde) zu tun, deren guten Ruf sie für sich in Anspruch nimmt. Doch das ist nicht der einzige Fall eines mehr oder weniger bewußten, mehr oder weniger heuchlerischen parasitären Mißbrauchs der Wissenschaft durch die Magie. Die Vorstellung davon, was ein wirklich wissenschaftliches Vorgehen auszeichnet, hat nicht im mindesten Eingang in die Köpfe gefunden, und man verwechselt die Wissenschaft immer noch mit ihren auffälligsten Emblemen: schwierigen, dem Griechischen entlehnten Fachbegriffen, Schemata und algebraischen Zeichen, die unter die astrologischen Symbole wie der Weizen unter die Spreu gemengt sind. Kleider machen Leute.

In der Tat: Bestürzend ist heute nicht so sehr das Wiederauftreten oder Fortbestehen irrationaler und wahnhafter Vorstellungen oder Verhaltensweisen. Es geht vielmehr um deren *Anspruch auf Wissenschaftlichkeit*. Noch vor kurzem nahm das Irrationale ganz selbstverständlich eine wissenschaftsfeindliche Position ein. Heute will es selber »wissenschaftlich« sein, weniger ist ihm nicht genug, und seine Apologeten werden sich so lange nicht zufriedengeben, bis sie den Nobelpreis für Physik und die Fields-Medaille erhalten haben. Unterdessen prangern sie die schwarzen und reaktionären Verschwörungen der verknöcherten »offiziellen Wissenschaft« an, die sich in ihren Gewißheiten abkapsele und im Grunde unfähig sei, sich den kühnen Wahrheiten der von ihnen vertretenen Ideen zuzuwenden, die neuartig seien und zugleich auf jahrtausendealter Weisheit beruhten.

Der Irrationalismus beansprucht also die Autorität der Vernunft. Er behauptet, sich einer logischen Argumentationsweise zu bedienen. Einst und noch vor kurzem hätte man gesagt, daß eine Gewißheit, die nicht *beweisbar* sei, vom Glauben abhänge. Heute bemüht man sich (nicht ohne Erfolg), die Auffassung zu verbreiten, daß eine Gewißheit, die nicht mit logischen Argumenten *widerlegbar* sei, gerade dadurch das Bürgerrecht der Vernunft erwerbe und in den Rang einer wissenschaftlichen Theorie aufsteigen könne. Nun sind aber keine Albernheit und auch keine Torheit widerlegbar, denn definitionsgemäß verweigern sie sich den Spielregeln der Vernunft. Einst hofften die Gläubigen, nachweisen zu können, daß die Wissenschaft nicht der Bibel widerspricht. Diejenigen aber, die man heute »Kreationisten« nennt, wollen, daß die Bibel »wissenschaftlich wahr« sei.[1]

Diese Gelehrten neuen Typs[2] zeichnen sich also weniger durch ein kompromißloses Glaubensbekenntnis als vielmehr durch den Versuch aus, die Waffen der Wissenschaft

1 Vgl. das Programm ihres »Forschungszentrums«, das man in Dominique Lecourts Buch *L'Amérique entre la Bible et Darwin*, PUF, Coll. Science, Histoire et Société, 1992, S. 27, nachlesen kann.

2 Vgl. Stephen Jay Gould, *Wie das Zebra zu seinen Streifen kommt. Essays zur Naturgeschichte*, übersetzt von Stephen Cappellari, Frankfurt a. M., Suhrkamp, 1991, S. 251-287. Vgl. auch D. Lecourt, a. a. O., sowie G. Golding, *Le procès du singe*, Éd. Complexe, 1982, wo der politische Hintergrund des Kreationismus in Amerika anschaulich geschildert wird. Wir müssen darauf hinweisen, daß man 1925, als der »Affenprozeß« stattfand, noch nicht von »Kreationisten«, sondern einfach von Fundamentalisten sprach. Der Kreationismus ist die zeitgenössische, »wissenschaftliche« Spielart des Antidarwinismus, die aggressiver als ihre Vorgängerin auftritt (vgl. *Le procès du singe*, S. 119-124).

gegen die Wissenschaft zu kehren. Obwohl sie sich auf die Bibel und nicht auf eine den Templern entlehnte, esoterische und chiliastische Tradition berufen, handeln sie in diesem Sinne doch nicht anders als die Geobiologen und die Liebhaber von Magnetismus oder Tischrücken. Wenn sie derart großen Erfolg haben, so gerade deshalb, weil sich das öffentliche Bewußtsein über diese Fragen selbst nicht im klaren ist, weil wir die wirkliche, menschliche Bedeutung der wissenschaftlichen Arbeit vollständig aus den Augen verloren haben.

Welche phantastische Geistesverwirrung bewirkt wohl, daß man heute in den Vereinigten Staaten, doch ebenso in Frankreich und in der Schweiz (mit heftigerem Nachdruck und größerer Engstirnigkeit als die Christen in der Zeit Darwins) behaupten kann, die materielle Welt sei ungefähr siebentausend Jahre alt und in genau sechs Tagen, beginnend mit Himmel und Erde, geschaffen worden?

Welche Geistesverwirrung? Welche Angst hat das bewirkt, sollte man vielmehr fragen. Doch ich komme später auf diesen Punkt zurück. Im Augenblick müssen wir uns mit der »rationalen« Argumentationsweise der Kreationisten beschäftigen. Sie läßt die Vorstellung, die heute von der Wissenschaft möglich ist, in einem sonderbaren Licht erscheinen. Und diese Vorstellung, so fürchte ich, hat keineswegs nur die Kreise der fundamentalistischen Antidarwinisten erfaßt. Wie viele von uns würden, wenn man sie über die beiden einander entgegengesetzten Theorien – den Darwinismus und den Kreationismus – befragte, mit etwas anderem als läppischen Ausflüchten antworten? Ich höre schon die feinsinnig differenzierten Reaktionen dieses kleinen imaginären Bevölkerungsquerschnitts: »Mein Gott... wer weiß? Ist es nicht gut, daß jeder seine eigene Meinung haben kann? Sollen wir uns etwa zum ideologischen Imperialismus bekennen? Über Geschmack läßt sich nicht streiten... Die Weltgeschichte? Im Grunde wissen wir nichts über sie... Seien wir bescheiden angesichts dieses Universums, das so weit über unseren Horizont hinausgeht und von dem wir früher glaubten, wir hätten es beherrscht... Die Wissenschaft kann sich schließlich irren, wenn sie erklären will, was kein Mensch je gesehen hat; sie bietet immer nur Theorien...«

»Theorien«: Nun ist das große Wort gesagt. Wenn sich die kreationistische Argumentationsweise entschieden hat, ihre Angriffe im wesentlichen gegen den *Darwinismus* zu konzentrieren, so nicht allein deshalb, weil Darwin dem biblischen Schöpfungsbericht direkt zu widersprechen scheint. Der Grund ist vor allem: Die heutigen Antidarwinisten möchten beweisen, daß der biologische Evolutionismus eben »nur« eine Theorie sei. Geben es die Wissenschaftler hinter vorgehaltener Hand nicht selbst zu?

Ehre, wem Ehre gebührt. Der Wissenschaftler Stephen Jay Gould räumt ein: »Nun, die Evolution *ist* eine Theorie.« Zwar setzt er hinzu: »Sie ist auch eine Tatsache.« Allerdings nur, um bei verdächtig bescheidenen Erklärungen Zuflucht zu suchen: »In der Wissenschaft kann ›Tatsache‹ nur bedeuten, daß ›etwas in einem solchen Ausmaß bestätigt ist, daß es widernatürlich wäre, die vorläufige Zustimmung vorzuenthalten‹.«[3] Angesichts dieser mißlichen Situation stoßen sich die Kreationisten mit den Ellbogen an. Ihr Sieg steht nahe bevor! François Jacob ist der zweite geständige große Sünder: »Die Evolutionstheorie weist den schlimmsten Fehler auf, den eine wissenschaftliche Theorie haben kann: Da sie sich auf die Geschichte stützt, eignet sie sich nicht für eine direkte Überprüfung«[4], bekennt der No-

3 Zit. nach: Gould, *Wie das Zebra zu seinen Streifen kommt*, a.a.O., S. 252-253.

4 Vgl. F. Jacob, *La logique du vivant* (deutsch: *Die Logik des Lebenden. Von der Urzeugung zum genetischen Code*, übersetzt von Jutta und

belpreisträger. Und geht der berühmte Karl Popper, der dritte große Belastungszeuge, nicht sogar so weit zu schreiben: »[...] der Darwinismus ist keine nachprüfbare wissenschaftliche Theorie«?[5]

Eine weitere offenkundige »Schwäche« des Darwinismus: Diese »Theorie« steht in untrennbarem Zusammenhang mit einer Wissenschaft, die zumindest »unexakt« ist: dem *philosophischen* und *moralischen* Evolutionismus der zweiten Hälfte des 19. Jahrhunderts. Und das wird von Darwin selbst bestätigt[6], dessen Denken sich von Thomas Robert Malthus, Auguste Comte und Adam Smith her speist[7], die es sich zur Aufgabe gemacht hatten, das Werden der Gesellschaften und nicht der Arten zu erforschen. Lange vor den Kreationisten werden es sich Spengler und

Klaus Scherrer, Frankfurt a. M., S. Fischer, 1972), Gallimard, Coll. Tel, Nr. 2, S. 21.

5 Vgl. *La quête inachevée* (deutsch: *Ausgangspunkte. Meine intellektuelle Entwicklung*, aus dem Englischen von Friedrich Griese und vom Autor, Hamburg, Hoffmann und Campe, 1979), Coll. Agora, Presses Pocket, 1991, S. 237. Zit. bei D. Lecourt (unter Bezugnahme auf die Ausg. Calmann-Lévy, 1981), a. a. O., S. 114. Heute ist etwa die Position René Thoms in dieser Hinsicht die gleiche, wenn er den »nicht falsifizierbaren« Charakter des »Darwinschen Schemas« angreift. Vgl. »Darwin cent ans après«, in *Apologie du logos*, Hachette, 1990, S. 605. Wir möchten nebenbei darauf hinweisen, daß René Thom es für notwendig hält, die Darwinsche Theorie mit Hilfe einer anderen Theorie zu verbessern, die er sehr hochschätzt: der »Katastrophentheorie« (ebd., S. 604). Doch warum erwähnt er nicht die Theorie der »punktuellen Gleichgewichte« von Gould und Eldredge, die seinen Wünschen genau entspricht?

6 Vgl. Charles Darwin, *L'Origine des espèces*, übersetzt von E. Barbier, Garnier-Flammarion, 1993, S. 48 und 113. Vgl. auch Ernst Mayr, *Darwin et la pensée moderne de l'évolution*, Odile Jacob, 1993, S. 106 sowie S. 101-116. Siehe auch F. Jacob, *La logique du vivant*, S. 186-187.

7 Vgl. S. Jay Gould, *Le pouce du panda* (deutsch: *Der Daumen des Panda: Betrachtungen zur Naturgeschichte*, übersetzt von Klaus Laermann unter Mitw. von Eva-Maria Schmitz, Frankfurt a. M., Suhrkamp, 1989), Le Livre de Poche, Coll. Biblio Essais, 1991, S. 73. Vgl. auch von demselben Autor, *Aux racines du temps* (englisches Original: *Time's Arrow, time's cycle. Myth and metaphor in the discovery of geological time*, Cambridge, Mass., Harvard Univ. Pr., 1987), Grasset, 1990, S. 23.

auch Nietzsche[8] nicht entgehen lassen, ihm das vorzuwerfen: Wenn die Naturwissenschaften die Humanwissenschaften nach ihrem Ebenbild geschaffen haben, so haben diese es jenen durch den Darwinismus reichlich vergolten.

Falls man das noch betonen muß: Das Bewußtsein von der gegenseitigen Beeinflussung des Darwinismus und der Humanwissenschaften sowie die scheinbaren Vorbehalte der Wissenschaftler in bezug auf die »Tatsache« der Evolution verraten in Wirklichkeit keinen Zweifel und keine Schwäche. Damit wollen sie lediglich die historische, das heißt teilweise hypothetische Dimension einer Rekonstruktion der Vergangenheit anerkennen. Wenn die Wissenschaftler, sobald sie sich zwischen »Tatsache« und »Theorie« zu entscheiden haben, Vorbehalte zeigen, wenden sie also eine sprachliche Vorsichtsmaßregel an, die einer gedanklichen Ehrlichkeit entspricht: Sie »zweifeln« nicht etwa an der Evolution, vielmehr sind sie sich bewußt, daß sie sich der Methode des indirekten Beweises bedienen müssen – selbst wenn diese Art des Beweises gerade in den letzten Jahren außerordentlich erweitert und großartig verfeinert wurde.[9]

Die Kreationisten wissen mit derartigen Nuancen nichts anzufangen. Sie stürzen sich auf den schwachen Punkt der Beweisführung oder auf das, was sie dafür halten. Die Evolution sei nicht nur keine *Tatsache* (behaupten sie nach dem Vorbild des Expräsidenten Reagan), sondern mehr noch: Sie sei *lediglich eine Theorie.* So gibt man zu verstehen, daß

8 Vgl. Oswald Spengler, *Der Untergang des Abendlandes. Umrisse einer Morphologie der Weltgeschichte*, 1. Bd., München, Beck, 1923 u. ö., S. 140f., und Friedrich Nietzsche, *Die fröhliche Wissenschaft*, § 349, in: Kritische Gesamtausgabe, hg. von Giorgio Colli und Mazzino Montinari, Berlin/New York, de Gruyter, 1967-1977, Bd. V, 2, S. 267f.

9 Vgl. zu diesem Thema u. a. Yves Coppens' Antrittsvorlesung im Collège de France, in: Yves Coppens, *Pré-ambules*, Coll. Points, Le Seuil, 1991, S. 42ff.

sich andere »Theorien« als ebenso sinnvoll erweisen könnten. Ja noch schlimmer oder besser: Der Darwinismus ist im Popperschen Sinne keine nachprüfbare, *also* keine wissenschaftliche Theorie. Die Kreationisten sagen es uns immer wieder (und der naive Mensch, der in uns steckt, nickt bestätigend mit dem Kopf): Niemand hat die Entstehung der organischen Welt und ebensowenig die Geschichte der Tierwelt miterlebt oder könnte das jemals. *Ergo*, für die Evolution läßt sich kein *experimenteller Beweis* erbringen. *Ergo*, die Evolution ist *nur eine Theorie*.[10]

Man sieht, was damit aus der historischen Dimension der Evolution wird: der Beweis, daß es sich um eine bloße Hypothese handele. Um diesen Standpunkt zu begründen, versuchen die Kreationisten, den Wert der Beweise für das Erdalter (die Kohlenstoff-C-14-Methode, die Magnetfeldstärkeschwankungen usw.) zu entkräften. Derartige Versuche sind hingegen widerlegbar und werden widerlegt.[11] Aber die neuen »Verteidiger des Glaubens« kommen stets auf ihr Hauptargument zurück: »Beweisen Sie es, Sie waren ja nicht dabei. Daher sind Ihre Schlußfolgerungen vielleicht richtig, doch warum sollten sie nicht falsch sein, und warum könnte man ihnen nicht andere entgegenhalten?«

Es ist sicher nicht unwesentlich, daß man die antidarwinistischen Kreuzzüge *gerade heute* eröffnet. Denn, ich sage

10 Vgl. D. Lecourt, a. a. O., S. 112ff. Vgl. auch S. Jay Gould, *Quand les poules auront des dents*, S. 297ff. Vorsätzlich oder nicht vernachlässigen die Kreationisten einen Punkt: Zwar ist Popper tatsächlich der Ansicht, daß der Darwinismus nicht nachprüfbar sei (vgl. *La quête inachevée*, S. 241), doch er nennt ihn trotzdem als Theorie »unschätzbar wertvoll« (ebd., S. 242): Er habe außerordentlich bedeutende Ergebnisse gebracht, und vor allem ermögliche er es, das Profil echter »Forschungsprogramme« zu schaffen und festzulegen (S. 252), deren Ergebnisse nun allerdings vollkommen nachprüfbar seien. Nach Ansicht Poppers macht also die enge Verwandtschaft des Darwinismus mit der »Logik der Situationen« (vgl. das gesamte Kap. XXXVII) und der allgemeinen Logik aus ihm etwas ganz anderes als ein Hirngespinst.

11 Vgl. D. Lecourt, a. a. O., S. 99-112.

es noch einmal, dieses Phänomen wirft ein grelles Licht darauf, welch mangelhafte Vorstellung man sich am Ende des 20. Jahrhunderts von der Wissenschaft machen kann. Eine Vorstellung, die den Kreationisten alle einstigen Hemmungen nimmt und die in unseren abgestumpften Hirnen auf keinen Widerspruch mehr trifft.

Nun ist die Wissenschaft aber nicht das, was leichtfertige Kreationisten denken. Sie wird von der Suche und dem Unvollendeten bestimmt, selbst wenn sich das nachteilig für jene auswirken sollte, die sie praktizieren. Sie will sogar ihre Zweifel – und vor allem ihre Zweifel – theoretisch begründen. Ihre Erkenntnislehre ist so einfach wie nur möglich: Sie erkennt uneingeschränkt an, daß sie nicht nur »induktiv« ist und sich nicht allein auf bloße »Tatsachen« stützt, sondern auch in bedeutendem Maße »hypothetisch-deduktiv« vorgeht: Mit anderen Worten, das »Experiment«, das ihre Hypothesen überprüfen soll, muß ständig befragt werden; auch die Konzeption von der »Tatsache« selbst ist eine, wenn auch komplexe, Konzeption. Wenn die Wissenschaftler, sobald sie über die Evolution als eine *Tatsache* sprechen sollen, Vorbehalte zeigen, ist das allein damit zu erklären, daß die wissenschaftliche Gewißheit definitionsgemäß (und selbst in weniger geschichtsabhängigen Kenntnisbereichen) dazu aufgefordert ist, sich unaufhörlich zu präzisieren und zu korrigieren. Sie hat nichts von einer apodiktischen Wahrheit, die ewig vor jeder Kontroverse bewahrt wäre; noch weniger ist sie Teil einer »offenbarten« Wahrheit, der man fanatisch andere Offenbarungen entgegenhalten müßte.

Die Antirationalisten hingegen sind mehr oder weniger aufrichtig von einer szientistischen Erkenntnisidee hypnotisiert – von der Idee, daß die Wissenschaft unwiderlegbare, unwiderstehliche, nicht umkehrbare *Tatsachen* feststellen müsse, die sich jeder gegenwärtigen und zukünftigen Kontroverse entziehen. In diesem Sinne sind sie zweifellos, wie man zu Recht geschrieben hat, die »Nemesis« des Positivismus von früher. Auf jeden Fall dessen Spiegel. Der Positivismus wollte die wissenschaftliche Gewißheit nach dem Vorbild einer religiösen Wahrheit gestalten. Die Antirationalisten setzen heute dieses Werk fort. Doch in ihrem Verlangen, das zu verwerfen, was sie als autoritäre Meinung ansehen, führen sie eine totalitäre Meinung ein, bei der nur die Rhetorik, mit der sie sich tarnt, rational ist.

Um nicht mißverstanden zu werden: Es geht hier nicht darum, den alten Streit über Wissenschaft und Glauben aufzuwärmen. Es geht insbesondere nicht darum, dem, was man den Sinn nennt, jeden transzendenten Ursprung oder jedes transzendente Ziel abzusprechen. In diesem Zusammenhang müssen wir nicht die Transzendenz bekämpfen, sondern die Willkür. Das heißt die verworrene und verbrecherische Vorstellung, daß im menschlichen Reich des Wortes, der Vernunft und Beweisführung alles den gleichen Wert habe. Die – wahre – Wissenschaft besteht lediglich darauf, daß nicht alles den gleichen Wert hat. Sie versucht, der Welt ein menschliches Aussehen zu geben und uns aus jenem Spiegelkabinett hinauszuführen, in dem wir unausgesetzt auf unser zusammengedrücktes oder aufgeblähtes Bild stoßen, wo uns der Sinn wie ein abscheulicher Zwerg oder ein widerwärtiger Riese bedrängt. Die Wissenschaft bemüht sich, uns vor einem Übermaß an Sinn ebenso wie vor dem Fehlen eines Sinns zu bewahren. Schließlich ist die Wissenschaft keine Sammlung von »Theorien«, denen ein zuverlässiger Wirklichkeitsbezug fehlt. In ideeller Hinsicht ist sie eine menschliche, ehrliche, sich stets fortsetzende, arbeitsteilige Suche nach dem Sinn. Sie begründet die Wechselbeziehung zwischen Welt und Denken, Denken und Welt.

Man wird einwenden, damit sei die Überlegenheit dieser Wissenschaft, die von ihren Gegnern als »offiziell« bezeichnet wird, nicht bewiesen. Tatsächlich ist es strenggenommen ausgeschlossen, jemals eine derartige Überlegenheit zu »beweisen«. Doch man wird sehen, daß es möglich ist, sie zu *begründen*, so wahr wir verantwortliche und in geistiger Gemeinschaft lebende Menschen sind. Im zweiten Teil dieses Essays werde ich versuchen, das Wie und Warum genauer darzulegen. Zunächst müssen wir die vernünftigen und unvernünftigen Gründe einkreisen, die uns heute von einer wissenschaftlichen Suche nach Sinn abbringen und uns in die erbärmliche freiwillige Naivität von Leuten stürzen, die in intellektuelle Kindheit zurückgefallen sind.

IV

Die Ablehnung der Zeit

Man muß zugeben, daß seit einigen Jahrhunderten der Fortschritt der wissenschaftlichen Erkenntnis durchaus geeignet sind, uns in kindischen Schrecken, in *unvernünftige* Angst zu versetzen. Der Kosmos, den uns Physik, Astronomie und Geologie (ganz zu schweigen von der Psychologie) heute vorführen und den wir, wie wir meinen, anerkannt und geistig verarbeitet haben, so wie wir das Wunder des Fern-Sehens anerkennen und geistig verarbeiten, ohne auch nur das geringste davon zu verstehen, jener Kosmos hat nicht aufgehört, uns in Schrecken zu versetzen. Er versetzt uns mehr in Schrecken denn je.

Das ist eine banale Feststellung, die gleichwohl mit aller Gewalt verdrängt wird: Verglichen mit den Gewißheiten des antiken, ptolemäischen, mittelalterlichen und selbst des newtonischen Weltbildes gibt es gute Gründe, daß man am Ende des 20. Jahrhunderts verunsichert, ja von Angst paralysiert ist. Am Ende des 20. Jahrhunderts ist der Schwindel, den Pascal angesichts der unendlichen Räume empfunden hat, entschiedenermaßen nicht mehr die metaphysische Meditation eines einzelnen Denkers, es ist das Gefühl, das wir alle angesichts der »objektiven« Realität unserer materiellen Welt verspüren. Selbst wenn in unserem Geist scheinbar die größte Ruhe herrscht, wird ihm – heute – von einer geheimen Übelkeit der Boden entzogen.

So mancher sympathische und poetisch veranlagte, nach Möglichkeit bärtige Professor tritt im Fernsehen (diesem allen unbegreiflichen Monstrum) auf und erzählt uns, die Wissenschaft sei wunderbar, faszinierend, staunenerregend. Und wir sind ganz einverstanden. Trotzdem hat sich der

Mensch seit einigen Jahrhunderten nicht ohne Erfolg bemüht, sich seiner selbst zu enteignen und sich und die Welt in einem immer weniger klar erfaßbaren Bild widerzuspiegeln, und alles Gerede über die Geheimnisse des Kosmos und die Schönheit des Himmelsgewölbes (das eben keines ist) kann nicht diese würgende Gewißheit vergessen lassen: Wir haben nicht im geringsten die nunmehr riesige Kluft zwischen der »naiven« Wahrnehmung der Welt und dem Bild überbrückt, das uns die Wissenschaft von ihr gibt. Wir sind lediglich bestrebt, das zu vergessen.

Man hat es bis zum Überdruß wiederholt, ohne sich jedoch über das Ausmaß der psychologischen und moralischen Konsequenzen klarzuwerden, die so etwas mit sich bringt: Für die »naive« – das heißt allgemeine und beinahe alltägliche – Wahrnehmung dreht sich die Sonne immer noch um die Erde, denn das sehen wir ja; das Weltall ist nicht Milliarden Jahre alt und kann es nicht sein, denn das sehen wir ja nicht; es kann nicht Milliarden Lichtjahre lang, breit oder tief sein, denn bis auf weiteres bleiben derartige Dimensionen im eigentlichen Wortsinn sinn-los; es kann nicht relativistisch sein, weil die Krümmung der Raum-Zeit sich unter unseren Augen schlagartig wie eine Toledaner Klinge wieder geraderichtet, sobald wir unsere abstrakte Betrachtungsweise aufgeben und die Intuition wirken lassen.

Auch wenn wir in der Schule lernen, daß wir keine Ptolemäer mehr sind, sind wir es im Innersten unseres Herzens doch geblieben. Oder um es anders auszudrücken: Die Relativierung des menschlichen Standpunkts, die uns von der Wissenschaft ebenso wie von der Philosophie auferlegt wird, läßt sich nur als Ergebnis einer erschöpfenden Bemühung der Vernunft durchsetzen, wobei die Vernunft hier in den Dienst der Bescheidenheit tritt (wie sie es stets tun sollte). Und sobald wir an der Vernunft zweifeln, bleiben uns gegenüber den Vorstellungen, die die Wissenschaft unterbreitet, nur noch Angst, Abscheu und Ablehnung.

All die abergläubischen Irrlehren von heute, von der Geobiologie bis zum Kreationismus, einschließlich der verschiedenen Sekten, an denen sich die Skandalpresse schadlos hält, erfüllen offenkundig diese Funktion: Sie sollen die Angst abwehren. Sie sollen wieder eine nur siebentausend Jahre alte Welt einführen, einen Menschen, der nicht vom Affen abstammt, und ein Weltall, in dessen Mittelpunkt die Erde thront. Sie sollen die Vorstellung einer von Gefühlen beseelten Materie begründen (wenn sie nämlich bedrohlich böse ist, könnte sie sich wenigstens bereit finden, gut zu werden). Sie sollen die Vorstellung der Gedankenübertragung, der Seelenwanderung, des Perpetuum mobile begründen, weil dann die lästigen Grenzen, die die Wissenschaft der Macht des Menschen gesetzt hat, endlich überwunden würden: Das träumt man oder sieht es vielmehr beinahe als eine Notwendigkeit an, sobald man auf die Bemühungen der Vernunft verzichtet.

Von allen beängstigenden Entdeckungen der Moderne, die die Selbstenteignung des Menschen bewirken, ist vielleicht die am meisten beängstigende und verstörende – von der man jedoch am wenigsten spricht – die Tiefe der physikalischen Zeit, diese Millionen oder gar Milliarden Jahre, die uns vorausgehen und die für unser Erscheinen notwendig waren. Wenn der »Fixismus« wieder im zeitgenössischen Denken auftaucht, so nicht deshalb, weil der Evolutionismus widerlegt oder widerlegbar wäre, sondern weil wir nicht stark genug sind, um die Idee dieser biologischen und blinden »tiefen Zeit« zu ertragen.[1] Und um so wehrloser sind wir, als wir die Mittel verloren haben, jene Zeitlichkeit

1 Vgl. S. J. Gould, *Aux racines tu temps*, S. 15-18.

gedanklich zu erfassen, die unserer Erfahrung am nächsten liegt: die menschliche Dauer.

Das wichtigste Kapitel in François Jacobs Buch *Die Logik des Lebenden* hat den lapidaren Titel »Die Zeit«. Die Annahme einer »schöpferischen Rolle«[2] der Zeit widerspricht natürlich der biblischen Schöpfungsgeschichte. Was man indes nicht genügend berücksichtigt, ist der bereits vor jeder »fundamentalistischen« Kritik vorhandene psychologische Widerstand oder vielmehr der physische Widerwille, den die Vorstellung in vielen Köpfen auslöst, daß wir von der übrigen Natur abhängen und durch den Faden der Zeit mit ihr verbunden sind. Noch heute, vor allem heute, wehren wir uns dagegen. Die Idee des menschlichen Fortschritts kann uns allein aus dem Grund abstoßen oder sogar widerwärtig sein, weil sie uns nicht vor dem Elementaren, Primitiven, Unvollendeten, Bestialischen bewahrt. Sowohl die sittliche als auch die körperliche Vervollkommnungsfähigkeit setzt voraus, daß das, was vervollkommnet werden muß, in uns wirklich existiert. Der Geist setzt nun einmal die Hirnsubstanz, also die Materie voraus. Die Verbundenheit jeder Sache mit jeder Sache, jedes Wesens mit jedem Wesen. Die Gegenwart der gesamten Vergangenheit in jedem Menschen, der der Zukunft entgegenstrebt.

Lange vor Darwin hatte man von der Evolution eine Ahnung, weil man sich vor ihr fürchtete. Man hatte eine Ahnung von der Existenz möglicher Zwischenformen zwischen Affe und Mensch. Da man andererseits an die Konstanz und die Trennung der Arten glaubte, konnte man sich naturgemäß nur vorstellen, daß diese Formen nach dem Auftreten des Menschen selbst entstanden wären. Aus psychologischer, wenn nicht gar psychoanalytischer Sicht erweckt alles den Eindruck, als hoffte der Darwinismus,

2 Vgl. F. Jacob, a. a. O., S. 160.

der Promiskuität der Lebewesen ein annehmbares Erscheinungsbild zu geben, indem er die Zwischenglieder vervielfachte und das Entsetzliche durch die Zeit abschwächte. Der Weg vom Affen zum Menschen dauert nicht eine oder zwei, sondern Tausende Generationen. Nicht fünfzig oder hundert Jahre, sondern Jahrmillionen. Ist das aber ausreichend? Denn der wesentliche Skandal bleibt bestehen: Die Menschen unterscheiden sich nicht grundsätzlich von den übrigen Lebewesen. Die Zeit ist ein Mittler, jedoch kein Erlöser. Verliert eine Blasphemie etwas von ihrem Wesen, weil man in jedem Jahrtausend nur eine Silbe von ihr ausspricht?

Der Gedanke der tiefen Zeit erscheint uns bedrohlich, weil die Zeit jede Trennung zwischen den Lebewesen und den Dingen, der Seele und dem Unbeseelten, den Tieren und den Menschen aufhebt – zwischen dem Stein, der Kaulquappe, dem Affen und dem hübschen Mädchen. In einem fixistischen Weltbild hingegen ist alles sorgfältig geordnet, unterteilt, getrennt. Es ist eine übersichtliche Welt, wo sich jedes Ding an seinem Platz befindet und wo man seine Stellung in der Rangordnung der Lebewesen erfolgreich behauptet. Selbst wenn die Affen den Menschen am nächsten stehen, haben sie trotzdem nichts mit ihnen gemeinsam. Sie sind so radikal anders, daß wir uns ohne Gefahr mit ihnen einlassen dürfen. Das gleicht dem Verhältnis zu Dienstboten, die man zu seinen Vertrauten machen kann: Sie stellen uns nicht in Frage. Ebenso liefen einst die Irren unter den Gesunden umher: Warum hätten sie störend wirken sollen? Das waren ja keine Menschen.

Wie Freud, der sich darin auskannte, es zutreffend in Erinnerung gerufen hat, ist der Darwinismus eine wesentliche Episode der Selbstenteignung des Menschen. Das sollte genügen, um uns nicht mehr über das derzeitige Wiederaufleben des »Kreationismus« zu wundern. Der Kreationismus ist, wenn man alle religiösen Aspekte beiseite läßt, der wonnevollste Ruhezustand des Menschen und die Evolution eine seiner schmerzhaftesten Errungenschaften. Anscheinend erkannte Darwin die Schwere seiner Blasphemie richtig. Man weiß nicht genau, ob er Theist, Agnostiker oder Atheist war[3], doch er befürchtete, »lebendig gekreuzigt zu werden«, weil er *Die Entstehung der Arten* veröffentlicht hatte.[4]

Darwin hatte vielleicht unrecht, wenn er sich derartige Sorgen machte. Seine Lehre war so schockierend, daß seine eigenen Schüler sie bald entstellten. So etwa der berühmte Ernst Haeckel, der um die Jahrhundertwende Hunderttausende Leser (darunter auch einen gewissen Lenin) für sich gewann. Haeckel, der Apostel des durch die Wissenschaft zu erreichenden Fortschritts, argumentiert ebenso vernünftig oder unvernünftig wie ein Kreationist. Wie ist das möglich? Lesen wir nach:

»Der Unterschied zwischen der Vernunft eines Goethe, Kant, Lamarck, Darwin und derjenigen des niedersten Naturmenschen, eines Wedda, Akka, Australnegers und Patagoniers, ist viel größer als die Differenz zwischen der Vernunft dieser letzteren und der ›vernünftigsten‹ Säugetiere, der Menschenaffen, Hunde, Elefanten usw.«[5] Mit anderen Worten: Haeckel schreckt wie die Vorgänger Darwins oder die Kreationisten vor der Weiterentwicklung der Arten zurück. Als eifriger Darwinist ist er jedoch gezwungen, eine derartige Weiterentwicklung vom Affen zum Menschen

3 Vgl. D. Lecourt, a. a. O., S. 33-36. Vgl. auch Ernst Mayr, *Darwin et la pensée moderne de l'évolution*, S. 28ff., der zu der Auffassung tendiert, Darwin sei Atheist gewesen. Étienne Gilson hingegen spricht von Agnostizismus (*D'Aristote à Darwin et retour*, Vrin, 1971, S. 93).

4 Zit. bei D. Lecourt, a. a. O., S. 52.

5 Ernst Haeckel, *Die Welträtsel*, Leipzig, Kröner, 1909, S. 76-77. Schon Buffon befürchtete, daß »der Neger für den Menschen das [sein mag], was der Esel für das Pferd ist«. Vgl. *Histoire des animaux* (deutsch: *Naturgeschichte der vierfüßigen Tiere*, Berlin, Pauli, 1783ff.), zit. bei Gilson, a. a. O., S. 67, Anm. 15.

auszurufen. Nun, daran soll es nicht hängen; es genügt, wenn man die entscheidende Bruchstelle verlagert und sie *im Inneren des Menschengeschlechts selbst* lokalisiert. Die Vernunft der Australneger, Patagonier und so weiter ist wohl jener der Affen näher als der Darwins... und Haekkels selbst, wie man annehmen darf. Man sieht, wie hinter dieser »Gedankenwelt« und bereits in ihr selbst die gespenstischen Greuel der jüngsten Vergangenheit auftauchen. Es lohnt sich nicht, weiter darauf einzugehen, man muß lediglich die Tatsache hervorheben, daß der dogmatischste und »wissenschaftlichste« Darwinist im Grunde unfähig war, sich einen wesentlichen Aspekt der Lehre seines Meisters anzueignen.

Vor jeder »religiösen« Reaktion empfindet der Mensch also schon Abscheu vor einer derart schrecklichen Lebensgemeinschaft, selbst wenn diese durch die unermeßliche Weite der Zeit aufgeteilt ist. Aber heute? Sollte ich etwa behaupten, daß es sich immer noch so verhält? Ist die Solidarität aller lebenden Wesen nicht zuverlässig gesichert? Und muß man sich wirklich auf unsere Angst berufen, den Affen allzusehr zu ähneln, wenn man nach Gründen für unsere Ablehnung der Wissenschaft sucht? Man könnte sogar versichern, diese Angst stünde in genauem Widerspruch zu jener Sensibilität, die heute vorzuherrschen scheint, der ökologischen Sensibilität: Läßt sich diese nicht gern von unseren Brüdern, den Tieren, und unseren Schwestern, den Pflanzen, in Rührung versetzen?

Täuschen wir uns in dieser Hinsicht nicht. Ich glaube ganz im Gegenteil, daß das Öko-Bewußtsein ein paradoxer Versuch ist, sich der verkündeten Solidarität zu entziehen. Nicht mehr, indem man den Menschen mit aller Gewalt von der übrigen Schöpfung trennt, sondern indem man die Tiere und Pflanzen mit Haut und Haaren *vermenschlicht*:

Indem man das Universum von oben herab vereint und die Vergangenheit wieder in die Gegenwart einbezieht. Wo Herder ein »abscheuliches Gewebe« zwischen Menschen und Affen befürchtet, wenn Affen reden könnten[6], bleibt nichts Abscheuliches, wenn die Tiere Menschen sind. Wenn die Affen denken, wenn die Kanarienvögel träumen, wenn die Bäume einen eigenen Willen haben, wenn sich die Steine laut beklagen, sobald man sie an eine andere Stelle bringt, wird die verabscheute Kontinuität der Arten in ihrer Identität aufgehoben, und die quälende Lehre Darwins wird in einem Ozean von vermenschlichendem Kitsch ertränkt. Doch zugleich verlieren wir die tatsächliche, das heißt eine in der Tat fruchtbare *Beziehung* zur Tier- oder Pflanzenwelt; wir begeben uns in die allergrößte Gefahr, jenes doppelte Gefühl der Ähnlichkeit und des Unterschieds zu verlieren, das allein die Möglichkeit eines Fortschritts eröffnet. Wenn man sagt, daß die Tiere und die Steine wir selbst seien, heißt das, daß man den Fixismus wiederherstellt.

Darum kann man sich fragen, ob einander so unähnliche Formen des Denkens oder Nichtdenkens wie der Kreationismus und der Ökologismus sich nicht in demselben Abscheu vor der Zeit und dem von ihr vermittelten Mysterium vereinen: Wir, das Menschengeschlecht, sind den Tieren, Pflanzen und Steinen sowohl gleich als auch von ihnen unterschieden. Wir bestehen aus demselben Stoff und sind doch nicht im mindesten aufeinander reduzierbar. Die Kreationisten akzeptieren nur diese Unreduzierbarkeit und treiben sie auf die Spitze: In ihrer Ablehnung der Wissenschaft und der Zeit halten sie getrennte Schöpfungsakte und die menschliche Ausnahmestellung für sicher. Die Ökologen akzeptieren nur die Ähnlichkeit, die sie zur Identität

6 Vgl. Johann Gottfried Herder, *Ideen zur Philosophie der Geschichte der Menschheit*, hg. von Martin Bollacher, Frankfurt a. M., Deutscher Klassiker Verlag, 1989, S. 141.

machen, indem sie Tiere, Pflanzen und Steine in menschliche Wesen verwandeln, denen *die Sprache nicht fehlt*. Während die schwierige Wahrheit, der unbequeme Mittelweg darin besteht, daß wir sowohl der Natur gleichen als auch ihr *Anderes* sind. Die unfaßliche, übermächtige Realität aber, die uns an die Welt der Tiere und Dinge bindet und uns zugleich von ihr löst, die uns mit ihr verknüpft und von ihr befreit, ist das, was man gewöhnlich Zeit nennt.

Sagen wir das noch einmal deutlich, denn man mag überrascht sein, daß ich der wissenschaftlichen Sicht der »tiefen Zeit« diese Vorstellung von Kontinuität oder Solidarität zwischen Materie und Geist zuschreibe, nachdem ich das unlautere Zusammenwirken angeprangert habe, das Ökologen sowie Geobiologen und andere Anhänger okkulter Wissenschaften ihnen unterlegt haben: Es geht nämlich durchaus nicht um dieselbe Verbindung. Bei den Irrationalisten aller Schattierungen ist der ganze Geist in der Materie – der Geist und übrigens auch die Seele: Die Steine reden, die magnetischen Kräfte bringen Unheil usw. Alle Wesen können sich verwandeln, alles kann überall entstehen. Wir sind dann in einem Universum, das von Notwendigkeit und Irrsinn bestimmt wird, und die Magie versucht, es zu ihren Gunsten zu beherrschen.

Die Wissenschaft, das heißt die menschliche Welterkenntnis schlechthin, sagt niemals, daß alles in allem sei. Sie definiert sogar sich selbst durch ihre Weigerung, eine derart haltlose Behauptung zu äußern. Hingegen zeigt sie Beziehungen, Vermittlungen, Übergänge, Verwandtschaften und Unterschiede. Doch indem sie so vorgeht, erregt sie allgemeines Mißfallen: bei den ökologischen oder geobiologischen Magiern, deren Begriffsverwirrungen sie bekämpft, und ebenso bei den Fixisten, die ihr Heil nicht in der Formel »alles ist in allem«, sondern in der Devise »alles ist an seinem Platz« suchen. Diese zwei Haltungen machen einen antinomischen Eindruck. Dennoch verraten sie denselben Verzicht auf das Denken. Die wahre Wissenschaft bemüht sich, mit ihrer relativen Weltbeherrschung dieser doppelten Illusion einer absoluten Weltbeherrschung entgegenzuwirken.

V

Die Frage stellt sich überhaupt nicht

Muß man einen so kühnen Denker wie Claude Lévi-Strauss für die Angst vor der Zeit und den Abscheu vor dem Kosmos verantwortlich machen, den uns die Wissenschaft heute einflößt? Es läßt sich schwer einsehen, daß einer der hervorragendsten Wissenschaftler des Jahrhunderts die geringste Beziehung zu dem kindischen Obskurantismus der zeitgenössischen Kreationisten oder dem regressiven Mystizismus der Anbeter der magnetischen Gaia haben kann. Gleichwohl trifft es ohne Zweifel zu, daß Lévi-Strauss sich zu einer subtilen, theoretisch fundierten, hochintelligenten Form der Zurückweisung der Zeit hingezogen fühlt. Nun sind aber die Auswirkungen großer Gedanken auf kleine Geister oft unvorhersehbar. Es ist noch nicht lange her, daß unter Berufung auf Jean-Paul Sartre im Kaffeehaus der Gesellschaft ein Antikommunist als ein Hund galt. Und wenn einige Studenten 1968 in den Korridoren der Sorbonne die Befreiung durch den Eros praktizierten, so hat der sittenstrenge Philosoph Herbert Marcuse ihre Vereinigungen gesegnet.

Heute ist Lévi-Strauss eine Autorität, einer von jenen »großen Intellektuellen«, deren Denken zuverlässig zunächst enge, dann immer weitere Kreise zieht – und dabei entstellt wird. Nachdem der Kieselstein ins Wasser gefallen ist, zeichnen die ersten kurzen Wellen einen engen, jedoch deutlichen Kreis. Je mehr sich der Kreis ausweitet, desto kraftloser wird die Welle. Man darf sich fragen, ob Lévi-Strauss, gewollt oder ungewollt, nicht ein nicht unbeträchtliches Unterpfand geliefert hat, weniger für grob vereinfachende Erwartungen, wie Sartre dies noch tun konnte, als für unvernünftige Ängste.

Doch auf welche Weise wird Chronos vom Autor der *Mythologica* verworfen oder verleugnet? Man kann sich gewiß denken, daß er nicht den Weg wählt, den Darwinismus in Frage zu stellen, dessen »außerordentliche Errungenschaften« er nachdrücklich begrüßt. Es geht ihm also nicht darum, die biologische Zeit anzuzweifeln, vielmehr wendet er sich gegen die menschliche.

»Der Begriff der biologischen Evolution entspricht einer Hypothese, die einen der höchsten Wahrscheinlichkeitskoeffizienten hat, die man im Bereich der Naturwissenschaften überhaupt antreffen kann, während der Begriff der gesellschaftlichen oder kulturellen Evolution höchstens ein zwar bestechendes, aber gefährlich bequemes Verfahren der Tatsachendarstellung ist«[1]: Der sogenannte kulturelle Evolutionismus, der zwar keine geordnete Aufeinanderfolge der Arten in der biologischen Zeit, wohl aber ein Fortschreiten der Menschheit in der historischen Zeit nachweisen will, soll also ein »falscher« Evolutionismus sein, der nichts mit dem »wahren« zu tun hätte: »Der gesellschaftliche Evolutionismus, der der wissenschaftlichen Theorie des biologischen Evolutionismus vorausgeht, ist allzuoft die pseudowissenschaftliche Verbrämung eines uralten philosophischen Problems, von dem keineswegs sicher ist, daß es durch Beobachtung und Induktion eines Tages wird gelöst werden können.«[2]

Möglicherweise ist man überrascht, daß hier mit dem höheren Alter argumentiert wird. Für Lévi-Strauss stellt dies einen Beweis gegen die Wissenschaftlichkeit des kulturellen Evolutionismus dar, der sich nicht auf den Darwinismus (jene einen »hohen Wahrscheinlichkeitskoeffizienten« auf-

1 Claude Lévi-Strauss, »Rasse und Geschichte«, in: *Strukturale Anthropologie II*, übersetzt von Eva Moldenhauer, Hanns Henning Ritter und Traugott König, Frankfurt a. M., Suhrkamp, 1992, S. 372.
2 Ebd., S. 373.

weisende »Hypothese«) stützen konnte und damit sein rein »philosophisches«, also verdächtiges Wesen verrate. Doch aus ebendieser Feststellung eines höheren Alters ließe sich durchaus ein ganz anderer Schluß ziehen: nämlich der, daß der wissenschaftliche Evolutionismus von der Idee des gesellschaftlichen Evolutionismus stark geprägt ist, und zwar in einem solchen Maße, daß die »Wahrscheinlichkeit« des erstgenannten vielleicht nicht vollkommen unabhängig von der »Wahrscheinlichkeit« des letzteren ist. Bereits ausgeführt wurde, wie sehr die Frage nach den Beziehungen zwischen Malthus und Darwin sowie zwischen Darwin und Spencer eine *Crux darwiniana* ist. Jedenfalls steht fest, daß Lévi-Strauss, indem er so die beiden Evolutionstheorien voneinander trennt, seinen Kreuzzug gegen die Idee der Zeit und des Fortschritts führen kann, ohne daß er sich der Gefahr aussetzt, deshalb des Obskurantismus bezichtigt zu werden.

Doch was ist oder war dieser berühmte *kulturelle* Evolutionismus? In unseren Tagen, da die Idee des Fortschritts sehr verdächtig geworden ist, haben wir vergessen, welch außerordentlicher Enthusiasmus die Wissenschaftler des vergangenen Jahrhunderts in ihrer Überzeugung beseelte, daß die Menschheit seit ihrer Entstehung eine Jakobsleiter hinaufsteige, deren Sprossen auf diejenigen folgten, die die niedereren Geschöpfe trügen, und deren oberes Ende bald den Himmel berühren würde. Eine naive Anschauung, eine allzu einfache Anschauung, die aber grenzenlose Begeisterung erregte. Wir schreiten voran, wir gehen einer geistigen Vollendung, einer sittlichen Blüte entgegen: Wer kann ohne diese Hoffnung leben?

Lesen wir, um diesen Enthusiasmus ein wenig mitzuempfinden, bei einem der Gründerväter des kulturellen Evolutionismus nach: Lewis Herbert Morgan. Seine *Urgesell-*

schaft erschien erstmals 1877: »Die neuesten Forschungen über den ursprünglichen Zustand des Menschengeschlechts führen zu der Schlußfolgerung, daß die Menschheit ihre Laufbahn auf der niedrigsten Stufe der Entwicklung begonnen und von der Wildheit zur Zivilisation durch langsame Anhäufungen von Erfahrungen sich emporgearbeitet hat.«[3] Morgans Schlüsselworte sind: »Entwicklung«, »Fortschritt«, »natürliches und notwendiges Vorwärtsschreiten« vom »Zustand der Wildheit« zum »Zustand der Zivilisation« über die Zwischenstufe des »Zustandes der Barbarei«.

Um die Spur dieses Fortschritts zu verfolgen, interessiert sich der Ethnologe – wie so viele andere nach ihm – für die verschiedenen Formen der *Ehe* in den menschlichen Gesellschaften: Sie bezeugten, daß der Mensch sich zunehmend vom tierischen Zustand entferne. Die Ordnung der Blutsverwandtschaftsfamilie sei der »Ausgangspunkt der menschlichen Gesellschaft, nachdem die Menschheit aus einem noch niedrigeren Zustande sich erhoben hatte«, nämlich aus dem beinahe animalischen Zustand der Promiskuität.[4] Die unterschiedlichen Eheformen seien also immer weiter fortgeschrittene Entwicklungsstufen auf dem Weg der Menschwerdung; im Verlauf der Geschichte seien sie buchstäblich »nacheinander eine aus der anderen entstanden«[5] und hätten schließlich die Monogamie erreicht, in der nun die Idee der Humanität, der Menschenwürde, allmählich vollkommen verwirklicht werde.

Wie viele Lichtjahre oder vielleicht besser Jahre der Finsternis trennen uns von einem kaum hundert Jahre alten Werk! Im Gedanken dieser stufenweisen und fortschreitenden Geschichte der Menschheit finden wir den Nachhall

3 L. H. Morgan, *Die Urgesellschaft*, übersetzt von W. Eichhoff unter Mitwirkung von Karl Kautsky, Stuttgart, J. H. W. Dietz Nachf., [3]1920, S. 3.
4 Ebd., S. 375.
5 Ebd., S. 324.

des Zeitalters der Aufklärung und insbesondere Condorcets: Der *Entwurf einer historischen Darstellung der Fortschritte des menschlichen Geistes* hat Morgan ganz offensichtlich beeinflußt.[6] Wie kann man nicht das außerordentliche Erklärungspotential der Idee bewundern, von der sich der Autor leiten ließ, der Idee des Fortschritts und der Entwicklung, der Idee einer »schöpferischen Evolution«, einer wirkmächtigen Zeit? Wie kann man nicht von dieser großartigen Bemühung fasziniert sein, in den ersten Anfängen einer leidenschaftlich befragten und nachgestalteten Vergangenheit die Ursachen für den gegenwärtigen Zustand der Menschheit zu erfassen?

Man mag Morgan gewiß vorwerfen, daß er *post hoc* mit *propter hoc* verwechselt und daß er nicht sagt, wie ein bestimmter Typ der Ehe aus einem anderen »entsteht«. Doch eine Tatsache hat unanfechtbar Bestand: Die Zeit hat ihren Lauf genommen, die Jahrtausende sind auf unserer Erde verflossen, und wir wissen, daß während dieser unvorstellbaren Zeiträume *etwas geschehen ist*: vielleicht unmerkliche Mutationen, die durch ihre Häufung schließlich die Monogamie aus der Promiskuität »entstehen« ließen... wie die Darwinschen Mutationen[7] den Menschen aus dem Affen entstehen lassen.

Wenn andererseits plötzliche Katastrophen eingetreten sind, die bewirkten, daß Mensch und Menschheit schlagartig ein neues Aussehen angenommen haben, so fanden derartige sprunghafte Veränderungen trotzdem in der Zeit, zu einem bestimmten Zeitpunkt statt, und die Untersuchung der Ursprünge, die Suche nach den Ursprüngen, bleibt

6 Vgl. Robert Lowie, *Histoire de l'ethnologie classique*, Petite Bibliothèque Payot, 1971, S. 20.

7 Der Darwinismus Morgans, der zahlreiche Diskussionen ausgelöst hat, wird von Morgan selbst anerkannt: Er zitiert den Autor der *Entstehung der Arten* – der in der Frage der ursprünglichen Promiskuität weniger darwinistisch als er selbst war (vgl. *Die Urgesellschaft*, S. 350).

ebenso legitim wie faszinierend. Nehmen wir einmal an, daß alle Hypothesen des Morganschen Evolutionismus falsch wären. Dann sind wir immer noch an die Zeitlichkeit gebundene Wesen. Unser Abenteuer vollzieht sich innerhalb der physikalischen Zeitdauer. Unsere historische Zeit ist nicht auf die physikalische Zeitdauer reduzierbar, doch sie würde ohne diese nicht existieren.

Da die Theorie einer fortschreitenden Veränderung weitaus vernünftiger und viel weniger übernatürlich als die der plötzlichen Katastrophen erscheint, kann man Morgan außerdem ruhig vorwerfen, *post hoc* mit *propter hoc* zu verwechseln: Es bleibt in hohem Maße wahrscheinlich, daß das *post hoc* das Geheimnis des *propter hoc* teilweise enthält. Es gibt also keinen Grund, den Weg nicht fortzusetzen. Wenn uns die Zeit in ihrem harmonischen Verlauf eine Entwicklung, eine fortschreitende Evolution der Menschheit miterleben läßt, zwingt nichts zu der Annahme, daß diese Entwicklung heute beendet wäre. Da die Zeit weitergeht, wird sich auch der Fortschritt fortsetzen.

In dieser Hinsicht greift man die Evolutionisten des 19. Jahrhunderts mit unlauteren Methoden an: Sie haben das Viktorianische England oder das puritanische Amerika keineswegs für das letzte Stadium der Zivilisation gehalten. Nach dem Vorbild Condorcets erkannten sie an, daß wir bei weitem nicht vollkommen sind: So etwa sagte Morgan, der hierin sicher modern (und auch in diesem Punkt ein Schüler Condorcets) war, die vollständige und uneingeschränkte Gleichheit von Mann und Frau voraus und wünschte sie von ganzem Herzen herbei, da er sie als Zukunftshorizont der menschlichen Entwicklung ansah.[8] Der Evolutionismus ist zwangsläufig und unbändig optimistisch. Das aber nicht in bezug auf unseren gegenwärtigen

8 Ebd., S. 328 und 415.

Zustand: vielmehr in bezug auf unsere Erkenntnis- und Existenzmöglichkeiten. All das verlieren wir unwiderruflich, sobald wir die Zeit ablehnen.

Morgan empfand große Bewunderung für einen Denker, dessen Evolutionstheorie beträchtlichen Einfluß auf seine eigene ausübte: für den Schweizer Johann Jakob Bachofen, der vor ihm die Idee eines schrittweisen Übergangs von der ursprünglichen Promiskuität zur monogamen Ehe über eine ganze Reihe von Zwischenstadien entwickelt hatte. Es wird genügen, ein paar Zeilen aus seinem *Mutterrecht* zu zitieren, um eine Vorstellung zu vermitteln, in welchem Maße die Gewißheit, die Kausalkette zurückverfolgt zu haben, bei Bachofen als einem »naiven« Evolutionisten mit einer inbrünstigen Hoffnung auf die Zukunft, auf die Perspektive einer fortschreitenden Vergeistigung der Menschheit einherging – selbst wenn man zunächst die erschreckende Existenz des Primitiven in uns anerkennen mußte: »Mag das Gemälde, das sich so vor unsern Augen entrollt, auch gar unerquicklich sein und dem Stolz auf den Adel unserer Abkunft wenig zusagen, so wird doch der Anblick allmählicher stufenweiser Überwindung des Tierischen unserer Natur die Zuversicht fest begründen, daß es dem Menschengeschlecht möglich ist, seinen Weg von unten nach oben, von der Nacht des Stoffes zum Lichte eines himmlisch-geistigen Prinzips durch alle Hebungen und Senkungen seiner Geschicke hindurch siegreich zu Ende zu führen.«[9]

Diese siegreiche Vollendung (oder sogar dieser »endgültige Sieg« des väterlichen Prinzips, von dem an einer anderen Stelle desselben Werks wörtlich die Rede ist[10]) kommt wie gerufen, um uns daran zu erinnern, daß Morgan und durch

9 Vgl. J. J. Bachofen, *Das Mutterrecht*, Basel, Benno Schwabe, 1948, Bd. I, S. 447-448.
10 Ebd., S. 439.

seine Vermittlung auch Bachofen von Karl Marx und Friedrich Engels überschwenglich gelobt wurden. *Der Ursprung der Familie, des Privateigentums und des Staats* macht aus dem Autor der *Urgesellschaft* den ruhmreichen Wiederentdecker der »materialistischen Geschichtsauffassung«.[11] Ein bedeutsames Mißverständnis, denn wie Bachofen war Morgan ein Spiritualist: ein echter Schüler Hegels. Doch es versteht sich von selbst, daß der Marxismus wie alle Geschichtsphilosophien zwangsläufig mit dem Evolutionismus eng verbunden ist. Unabhängig von den Thesen, die beide Richtungen vertraten, war das Fortschrittsdenken Morgans für das marxistische Fortschrittsdenken zumindest notwendig, wenn nicht sogar hinreichend.

Nun wurden aber der Evolutionismus im allgemeinen und Morgan im besonderen sehr schnell von den Ethnologen in Frage gestellt oder ganz aufgegeben.[12] Man hat also nicht auf Claude Lévi-Strauss gewartet, um deren Weltsicht zu kritisieren. Allerdings hat man sich damit zufriedengegeben, in verschiedenen Tonarten zu wiederholen, daß Morgans Antworten nicht die richtigen waren. Man hat sich keinen einzigen Moment vorstellen können, daß die in der *Urgesellschaft* behandelten Fragen überholt sein könnten. Lévi-Strauss selbst aber hat nun ein grundlegendes Werk geschrieben, das er »dem Gedächtnis Lewis H. Morgans« widmet. Doch diese Zueignung ist eine literarische Grablegung – genauer gesagt, eine Leichenrede: Der Autor von *Traurige Tropen* bemüht sich hier auf eine ebenso unerbittliche wie brillante Art nachzuweisen, daß jeder Gedanke einer Entwicklung – und erst recht jeder Gedanke

11 Zit. von A. Testart in seinem Vorwort zur französischen Ausgabe: L. H. Morgan, *La société archaïque*, Paris, Anthropos, ²1985, S. 21a.

12 Vgl. etwa die Ausführungen Bronislaw Malinowskis in: *Une théorie scientifique de la culture* (deutsch, »Eine wissenschaftliche Theorie der Kultur«, übersetzt von Fritz Levi, Frankfurt a. M., Suhrkamp, 1988), S. 28-31.

eines menschlichen Fortschritts – nur ein Hirngespinst ist und daß *sich die Frage Morgans überhaupt nicht stellt.*

Die Frage Morgans, die auch Engels' Frage war, das heißt die nach den Ursprüngen der Familie und darüber hinaus nach den *Ursprüngen* überhaupt, wird als irrelevant verworfen. Für Lévi-Strauss ist die Erklärung durch die Geschichte (so etwa die Vorstellung von einer Entwicklung, die von der ursprünglichen Promiskuität über acht, zehn oder tausend Zwischenstadien zur monogamen Familie führen würde) nicht allein in ihren besonderen Erscheinungsformen falsch. Sie ist an sich schon ein Irrtum, eine Sackgasse. Dort, wo der Evolutionist um jeden Preis nach Kontinuität sucht (also nach Grenzsituationen, in denen das *propter hoc* schließlich mit dem *post hoc* zusammenfällt), stellt der Strukturalist einzelne Einschnitte und Brüche fest. Im konkreten Fall – erklären uns die *Elementaren Strukturen der Verwandtschaft* – enthalte das »Vorher« niemals das »Nachher«, wie etwa der Keim die Pflanze enthält. Die Natur kündige nicht im geringsten die Kultur an. Eine unüberbrückbare Kluft trenne den Menschen vom Affen, der nicht einmal elementare Ansätze einer Sprache und ebensowenig jene »Gesamtheit von Regeln« kenne, woran jede menschliche Kultur, selbst die »primitivste«, zu erkennen sei: »Keine konkrete Analyse erlaubt es also, den Punkt des Übergangs zwischen den Tatsachen der Natur und den Tatsachen der Kultur [...] zu bestimmen.«[13]

Zu diesem ersten Bruchpunkt, dieser ersten Schwachstelle, die ausreichen würde, um den unbedachten evolutionistischen Wanderer für immer in den Abgrund zu reißen, kommt noch eine zweite hinzu, jene zwischen der »Ontogenese« und der »Phylogenese«: Das Kind gebe uns nicht

13 Claude Lévi-Strauss, *Die elementaren Strukturen der Verwandtschaft*, übersetzt von Eva Moldenhauer, Frankfurt a. M., Suhrkamp, 1993, S. 52.

im geringsten Auskünfte über den »Primitiven«. Die Überzeugung, daß es möglich sei, von dem einen auf den anderen zu schließen (und darüber hinaus von dem heutigen »Primitiven« auf die früheren Primitiven), liegt allen evolutionistischen Thesen zugrunde, die metaphorisch oder unmittelbar eine »Kindheit« der Menschheit voraussetzen. Wenn man nun auf diese Metapher verzichten muß, verliert man ein Erklärungsprinzip, eine lebende Spur der Vergangenheit in der Gegenwart.

Lévi-Strauss geht nicht bis zu Morgan zurück, sondern greift Freud, Lévy-Bruhl und Piaget an, die alle drei den Fehler begangen hätten, »einen gewissen Parallelismus zwischen Ontogenese und Phylogenese«[14] anzunehmen. Die *Elementaren Strukturen* prangern diese »archaische Illusion« an: »Auch die primitivste Kultur ist immer eine Erwachsenenkultur.«[15] Wenn man von einer »Entwicklung« des Individuums auf eine »Entwicklung« der Gattung schließen wolle, so erweise sich das als ein grundsätzlicher Irrtum.[16]

Die Brücken seien zweimal abgebrochen oder vielmehr in doppeltem Sinne überhaupt nicht vorhanden – von Art zu Art und von der Geschichte des Menschen zur Ge-

14 Piaget ist der Autor dieser Formel; sie wird zitiert bei: Lévi-Strauss, *Die elementaren Strukturen der Verwandtschaft*, S. 153.

15 Ebd., S. 158f.

16 Wir möchten nicht auf den beiläufigen Hinweis verzichten, daß dieser Irrtum, falls es einer sein sollte, nicht nur für die »kulturellen« Evolutionisten charakteristisch ist. Es handelt sich in erster Linie um einen Irrtum der orthodoxen Darwinisten der zweiten Generation, denn er macht die große »Entdeckung« eines gewissen Ernst Haeckel aus, der ihn teilweise Darwin selbst zuschreibt: »*Die Ontogenesis ist eine kurze und schnelle Rekapitulation der Phylogenesis*, bedingt durch die physiologischen Funktionen der Vererbung (Fortpflanzung) und Anpassung (Ernährung)«, verkündet unser Forscher triumphierend (vgl. *Die Welträtsel*, S. 49). Einer von mehreren Hinweisen, daß es tatsächlich sehr schwer ist, eine grundsätzliche Unterscheidung zwischen dem kulturellen und dem biologischen Evolutionismus vorzunehmen.

schichte der Menschen. Es gebe keinen Zwischenzustand, also keine Verbindungsstufe, kein chrono-logisches Kettenglied, das den Menschen mit dem Affen vereine. Der am weitesten entwickelte Affe bleibe ein Affe, der primitivste Mensch sei voll und ganz ein Mensch. Andererseits könne dieser »primitive« Mensch nicht als die erste Stufe einer Entwicklungsreihe angesehen werden, weil er eben nicht primitiv sei und seine geistige Welt sich nicht im geringsten mit der eines Kindes vergleichen lasse. Wie kann man aber dann den Übergang von der Natur zur Kultur erklären, der sehr wohl stattgefunden hat? Wie kann man das ausschlaggebende Zeichen dieses Übergangs erklären: die Strukturen der Verwandtschaft, also das Inzestverbot? Man kennt Lévi-Strauss' Antwort: Das *Explicandum* wird das *Explicans*: Man dürfe sich nicht die Frage stellen, wieso der Mensch beim Entritt in die Kultur den Inzest verboten hat; gerade weil der Inzest verboten sei und sobald er verboten sei, gebe es Kultur. Mit anderen Worten: Der Mensch ist nie in die Kultur eingetreten, denn die Kultur *ist* der Mensch...

So sei denn Morgans Zielvorstellung selbst haltlos. Haltlos sei die Suche nach früheren Stufen, nach einer »hypothetischen Aufeinanderfolge«.[17] Haltlos seien die »historischen Rekonstruktionen«[18], und das nicht nur, weil derartige Rekonstruktionen dem Zweifel zuviel Spielraum ließen, sondern auch, weil sie strenggenommen im Grunde überhaupt keinen Sinn hätten. Es gebe keinen »Ursprung« der Gesellschaft. Wenn der Moment des vielbesprochenen »Übergangs« von der Natur zur Kultur ungreifbar bleibe, so nicht deshalb, weil er sich nie vollzogen habe: »Von Erklärung kann erst in dem Augenblick die Rede sein, da die Vergangenheit der Spezies sich im unendlich vervielfältigten Drama jedes individuellen Denkens immer wieder neu abspielt, weil

17 *Die elementaren Strukturen der Verwandtschaft*, S. 170.
18 Ebd., S. 615.

es selbst nur die nachträgliche Projektion eines Übergangs ist, der sich vollzogen hat, weil er sich ständig vollzieht.«[19] Oder gar: »Die Merkmale der Vergangenheit haben nur insofern explikativen Wert, als sie mit denen der Zukunft und der Gegenwart zusammenfallen.«[20]

Die Frage Morgans stelle sich also überhaupt nicht, weil sie keinen Sinn habe. Der Übergang von der Natur zur Kultur (von der ursprünglichen Promiskuität zur Ehe) habe nicht an einem Tag stattgefunden. Er habe nie stattgefunden, und er habe immer stattgefunden.

Die heftigsten Reaktionen kamen aus dem marxistischen Lager: Wie könne man es wagen »zu leugnen, daß sich das gesellschaftliche Leben in einem fortschrittlichen Sinn entwickelt«? Lévi-Strauss sei in seinem uneinsichtigen »Neopositivismus« so weit gegangen, »den Begriff der Kausalgesetze« abzulehnen; er habe ganz einfach *»Abscheu vor einer Erklärung«*. Sei nicht der ganze Strukturalismus eine »großangelegte ideologische Operation«, mit der »die Fortschritte des Marxismus in seiner schöpferischen Gewalt vereitelt oder blockiert« werden sollten? Hätten die Gegner der Evolutionstheorie nicht eine Verschwörung angezettelt, um ihre konservativen gesellschaftlichen Ziele durchzusetzen, indem sie die Idee des Primats der monogamen Familie wieder einführen wollten?[21] Diese Kritikpunkte wirken ein wenig überzeichnet, doch sie bezogen sich auf den wesentlichen Punkt. Stimmt es schließlich nicht, daß Lévi-Strauss »uns als Lösung eines Problems dessen Neuformulierung mit anderen Begriffen anbietet«?[22] Wenn man nämlich sagt, daß das Inzestverbot nicht das Problem, son-

19 Ebd., S. 655f.
20 Ebd., S. 656.
21 R. Makarius' in seiner Einführung zu L. H. Morgan, *La société archaïque*, Paris, Anthropos, ²1985, S. XXI, XXV, XXVI, XXVIII und Anm. 43, sowie S. IIIxxii-IIIxxx; Hervorhebungen des Autors.
22 Ebd., S. IIIxli.

dern die Lösung sei, so ist das genial und zugleich frustrierend. Wenn man sagt, die Regel sei nicht zu einer bestimmten Zeit von der Kultur festgelegt worden, vielmehr gebe es Kultur, sobald es die Regel gebe, und wenn man sagt, der Punkt des Übergangs von der Natur zur Kultur sei nicht zu erfassen, weil es *keinen Punkt des Übergangs* gebe, so bedeutet das für uns eine großartige Aufklärung und eine außerordentliche Enttäuschung.

Es geht hier nicht darum, die überaus lebhafte Diskussion aufzugreifen, die durch die *Elementaren Strukturen* ausgelöst wurde. Sie begann schon in den fünfziger Jahren und wird heute immer noch weitergeführt, und Lévi-Strauss' Gedankensystem bleibt ein entscheidender Bezugspunkt. Die Marxisten waren nicht die einzigen, die sich lautstark über den Strukturalismus entrüsteten. Die Ablehnung des Evolutionismus führt zu einem kulturellen Relativismus, gegen den in jüngerer Zeit das humanistische Denken protestiert hat.[23] Lévi-Strauss hat sich oft und ausführlich bemüht, seinen Kritikern zu antworten. So etwa hat er sich dagegen verwahrt, daß er »die Fortschrittsidee zu zerstören gesucht«[24] habe. Doch obwohl er bereitwillig einräumt: »Die Fortschritte, die die Menschheit seit ihrem Beginn gemacht hat, sind so manifest und eklatant, daß jeder Versuch, sie anzuzweifeln, zu einer rein rhetorischen Übung würde«[25], hat er Positionen eingenommen, die den kulturellen Evolutionismus radikal ablehnen, den er als »falschen Evolutionismus« oder als »pseudowissenschaft-

23 Insb. bei Tzvetan Todorov findet man eine Auseinandersetzung mit Lévi-Strauss' Relativismus, der sich aus dessen Ablehnung des Evolutionismus ergibt. Vgl. *Nous et les autres*, Le Seuil, 1989; vor allem S. 108f.

24 Vgl. Claude Lévi-Strauss, »Probleme der Methode und des Unterrichts«, in: *Strukturale Anthropologie*, übersetzt von Hans Naumann, Frankfurt a. M., Suhrkamp, 1967, S. 362.

25 Lévi-Strauss, »Rasse und Geschichte«, a. a. O., S. 378.

lichen« Evolutionismus bezeichnet, um ihn vom wahren, dem Darwins, zu unterscheiden.[26]

Sei's drum. Wir indes sehen uns weiterhin mit einem außerordentlichen Paradoxon konfrontiert, das ein für unsere Moderne, die weitaus weniger modern ist, als man erwarten könnte, grundlegendes Phänomen verbirgt oder vielleicht auch offenbart: Lévi-Strauss' Strukturalismus hat entscheidend und mit der Absicht, ein endgültiges Urteil zu fällen, *unseren allgemeinen Anspruch eingeschränkt, die Welt zu erklären und den Menschen zu verstehen*. Es hat eines Lévi-Strauss bedurft, die Behauptung zu riskieren, daß unsere Ursprünge nicht existierten und daß daher jede Suche nach ihnen ein absurdes und sinnloses, von vornherein zum Scheitern verurteiltes Unternehmen sei; daß es keine Lösung gebe, weil es kein Problem gebe.

Nun *gibt* es aber ein Problem. Es besteht in der einzigen Tatsache, deren wir absolut sicher sind: Die in ihrem rein physikalischen Sinn verstandene Zeit hat auf der Erde existiert. Die Arten sind aufeinandergefolgt, das Menschengeschlecht ist entstanden, das ist geschehen, und nicht etwa allein deshalb, weil das gegenwärtig geschähe... Es ist in der einen oder anderen Form innerhalb der Zeit geschehen; in der einen oder anderen Form hat unsere Entstehung *Zeit beansprucht*. Überdies heben die jüngsten Forschungen in der Paläontologie wie in der Ethologie – im Gegensatz zu Lévi-Strauss' Thesen – zunehmend hervor, daß Affe und Mensch einander unbestreitbar nahestehen und daß es sich als schwierig erweist, die Trennungslinie zwischen den beiden Arten genau zu bezeichnen, selbst wenn man ihre jeweiligen Fähigkeiten in Betracht zieht, Symbole zu benutzen, und selbst wenn es sich um das Inzesttabu handelt.[27]

26 Ebd., S. 372, 373.
27 Vgl. hierzu Y. Coppens, a. a. O., S. 52-54, 155, 185.

Nein, die Behauptung, daß die Frage sich überhaupt nicht stelle, weil sie gelöst sei, erweist sich als unhaltbar. Es ist unentschuldbar, sich der Suche nach den Ursprüngen zu verweigern. Die Evolutionisten wollten dem Inbegriff des modernen Traums Gestalt verleihen: den Lauf der Zeit zurückzuverfolgen, um ihn besser weiterverfolgen zu können, die Ursachen (in der materiellen und der moralischen Welt) zu erkennen, um die Wirkungen besser vorzubereiten. Können wir uns damit abfinden, auf jenen Traum, jenes Streben zu verzichten? Was ist die wissenschaftliche Wahrheit, wenn sie dem Abenteuer der Wissenschaft selbst ein Ende macht? Wenn sie zumindest die enthusiastische Entdeckung des Menschen durch sich selbst blockiert?

Schlagen wir ganz aufs Geratewohl die *Einleitung in die positive Philosophie* Auguste Comtes auf. Dort kann man gleich nach der Darlegung des berühmten Dreistadiengesetzes (das einen zutiefst evolutionistischen, Morgan vorwegnehmenden, fortschrittlichen Eindruck macht) das folgende finden: »Im positiven Zustand erkennen wir endlich die Unmöglichkeit, zu absoluten Begriffen zu gelangen; wir geben es auf, den Ursprung und die Bestimmung des Weltalls zu ermitteln und die inneren Ursachen der Erscheinungen zu erkennen. Statt dessen suchen wir deren Gesetze durch gemeinsamen Gebrauch der Vernunft und der Beobachtungen zu entdecken, d. h. deren Beziehungen im Nacheinander und der Ähnlichkeit nach.«[28] Weiter unten greift Comte diesen Punkt mit Nachdruck auf: Die positive Philosophie forsche nach den »Gesetzen« und nicht nach den »Ursachen«.[29] Es sei das ständige Streben des menschlichen

28 Vgl. A. Comte, *Cours de philosophie positive*, Einf. von P. Dupouey, Éd. Nathan, 1989, S. 30. – Zit. nach: Auguste Comte, *Die Soziologie, die positive Philosophie im Auszug*, hg. von Friedrich Blaschke, Leipzig, Kröner, 1933, S. 2.

29 *Die Soziologie* ..., a. a. O., S. 5.

Geistes, die »dogmatische Ordnung« immer weitergehend an die Stelle der »historischen Ordnung« zu setzen.[30]

Wenn der Autor der *Elementaren Strukturen der Verwandtschaft* gelegentlich die ethnologische Intuition Comtes würdigt, betont er andererseits kaum, soviel ich weiß, diese philosophische Nachfolge. Trotzdem ist sie unübersehbar. Lévi-Strauss greift nicht nur Comtes Terminologie auf, sondern gelangt auch wieder zu den zwiespältigen Positionen der Comteschen Philosophie, die darin besteht, sich selbst als Wissenschaft darzustellen und eine Haltung als wissenschaftliche Beständigkeit auszugeben, die den nie endenden Wissensdurst verdammt. Sieht man sich nicht heute wie gestern versucht, das dritte »Stadium« des menschlichen Denkens als »fest und endgültig«[31] zu betrachten? Das heißt: zu beschließen (und nicht nur festzustellen), daß es keinen Fortschritt mehr gibt, damit es eine absolute Wissenschaft gibt?

Zeugt die neopositivistische Ablehnung der Frage nach den Ursprüngen nicht von dem Verlangen, die unabweisbare Geschichtlichkeit des Menschen abzulehnen? Abzulehnen, daß die Zeit der Ort des Menschen ist? Man kann sich fragen, ob, abgesehen von den beträchtlichen und ganz offensichtlichen Unterschieden, Lévi-Strauss nicht tatsächlich den fixistischen Traum der Kreationisten teilt (was nun die Ökologen betrifft, so weiß man, daß er einer ihrer geistigen Väter ist): den Traum von einer Welt, in der – ebenso wie im Universum des Glaubens – alles erklärt ist, *weil es nichts zu erklären gibt*. An die Stelle des unerforschlichen Ratschlusses Gottes tritt bei diesem atheistischen Denker lediglich die stumme Evidenz der Tatsachen.

Die Wissenschaft kann sich selbst verraten. Im Namen des Traums von einer erstarrten und wohlbehüteten Voll-

30 Ebd., S. 22.
31 Ebd., S. 2.

kommenheit kann sie es wollen, sich von der Geschichte freizumachen, sich von der Zeit loszusagen. Dieser sonderbare Objektivismus verschleiert eine Dimension der menschlichen Erkenntnis: den Erkenntnisdrang selbst. Im Grunde beruht er, auch er, auf einem fortschrittsfeindlichen Denken, das zu allen übrigen derartigen Tendenzen hinzukommt, statt sie zu bekämpfen; bei jeder Gelegenheit werden unser Abscheu vor der Zeit, unsere Furcht vor unseren eigenen schöpferischen Möglichkeiten, unsere Angst vor dem Durchdenken unseres eigenen Wissens bestärkt. Die strukturalistische Achronie kann so unsere unbewußte Billigung finden, wie dies für die fatalistische Sicht der Geschichte galt, wie dies für die Umtriebe der Kreationisten gelten kann.

Man wird einwenden, der Strukturalismus sei eine alte Geschichte und seit langem »überholt«. Doch man darf nicht den sichtbaren Erfolg oder die offenkundige Vorherrschaft einer philosophisch-wissenschaftlichen Theorie – einen Erfolg und eine Vorherrschaft, die oft kurzlebig sind – mit ihren Nachwirkungen im Bewußtsein verwechseln, denn diese können sich sehr lange halten. Wenn der Vergleich nicht zu grobschlächtig wäre, könnte man sagen: Man darf die Explosion der Bombe nicht mit den Spätfolgen der Strahlungen verwechseln.

VI

Weiße Magie und schwarze Magie

Der heutige Antirationalist bedient sich aller ihm zur Verfügung stehenden Mittel. Den Werken solcher Forscher wie Lévi-Strauss entnimmt er mehr oder weniger bewußt Argumente, die sich für seine Ablehnung eines Fortschritts des Denkens und der Menschheit benutzen lassen. Nach dem Vorbild der Kreationisten oder Geobiologen erhebt er andererseits selbst Anspruch auf Wissenschaftlichkeit, obwohl er zugleich die Wissenschaft in Frage stellt. Doch im Grunde, und warum sollte man sich darüber wundern, wird er von der Angst getrieben. Wenn ihn diese Angst bewegt, die Wissenschaft in Frage zu stellen oder zu vereinnahmen, so drängt sie ihn doch zuallererst, sie zu verdammen. Und wenn er es nicht wagt, die Wissenschaft selbst zu verteufeln, hat er es auf deren Tochter abgesehen: *die Technik*.

Es ist gewiß nichts Neues, daß man die Technik als Bringerin von Tod und Vernichtung anprangert[1], die den Menschen denaturiere und die Natur enthumanisiere. Eine derartige Verteufelung reicht wenigstens bis zu Nietzsche zurück – und, warum nicht, bis zu Aristophanes. Doch in jüngster Vergangenheit und auch heute nimmt sie neue Formen an, und zwar deshalb, weil sie sich von den Umständen begünstigt fühlt: Der Begriff des Fortschritts und sogar der Begriff der Vernunft wurden genug verunglimpft, so daß

1 Vgl. E. Schatzmanns »kurze chronologische Darstellung der Wissenschaftsfeindlichkeit«, in: *La science menacée*, Odile Jacob, 1989, S. 72ff. Man kann ebenfalls J.-J. Salomon – *Prométhée empêtré*, Pergamon Press, 1982 – konsultieren, der aus Rousseau den ersten Kritiker des technischen Fortschritts macht.

man, ohne zu lachen oder sich zu fürchten, behaupten kann, daß die Technik ausgedient habe und daß wir gerade auf diesem Gebiet »das Ende der Zukunft« erleben.[2] Übrigens findet man bei dem ehemaligen Linken Jacques Testart unverhältnismäßig viele bittere, ironische und enttäuschte Äußerungen über die »Mystik des Fortschritts«, die »unerbittliche Verzahnung der Techniken« und die Notwendigkeit einer »globalen Infragestellung dessen, was man den Fortschritt nennt«.[3]

Es geht nicht so sehr darum, daß man den Niedergang der Technik schlechthin prophezeit.[4] Man brandmarkt in der technikbejahenden Haltung die Manifestation einer negativen und grauenerregenden Macht. Darin besteht übrigens das ganze Problem: Man trennt die Technik, eine höchst rationale Realität (selbst wenn es sich nur um eine instrumentale Rationalität handelt), gewaltsam vom Universum der Vernunft und schließlich des Menschen. Wie sollte sie unter diesen Umständen nicht furchterregend, unvorhersehbar, unbeherrschbar und monströs gleich einer großartigen und verderblichen Gottheit werden? Doch was man dann finden wird, ist nichts anderes als das, was man

2 Vgl. Jean Gimpel, *La fin de l'avenir* (deutsch: *Das Ende der Zukunft*, aus dem Französischen von Julia Seeliger, Holm, Deukalion, 1995), Le Seuil, 1992. Dieses Werk trägt den Untertitel »Der technologische Niedergang des Westens«.

3 Vgl. Jacques Testart, *L'œuf transparent*, Champs, Flammarion, 1986, S. 44, 143 und 155.

4 Auch wenn dies das befremdliche Vorhaben Jean Gimpels ist, der uns versichert, wir lebten in einer Zeit der »Rückkehr zu...«, des vielfältigen Niedergangs und Verfalls, und der es nicht versäumt, sich auf »das unabänderliche Gesetz der Zyklen« zu berufen (»Das Ende der Zukunft«, a. a. O., S. 163). Man wird schwerlich überrascht sein, daß er sich auf die Thesen Spenglers stützt (S. 172ff.). Da der Autor den Tod *der* Technologie (eher als den *durch* die Technologie) befürchtet, erkennt er nicht, daß er sich in einen offenkundigen Widerspruch verwickelt: Seine »Rückkehr zu« (dem Stein, dem Ziegel, der Erde) ist möglich, wie er selbst zugibt, »dank modernster Technologien des 20. Jahrhunderts« (vgl. insb. S. 81 und 113).

suchte, nachdem man die Leugnung der Rationalität bis zum Absurden gesteigert hat.

Der heutige Alptraum läßt sich nicht ohne den gestrigen Traum erklären. Gerade weil scheinbar rationalistische Denker gestern in prophetischen Worten von den Wundern der Technik gesprochen und uns weisgemacht haben, das Projekt der Technik sei eine erfolgreiche Magie, können wir angesichts der Fehlschläge des Zauberlehrlings heute die Anschuldigung äußern, daß der Teufel seine Hand im Spiel habe. Wenn wir gegenwärtig die Technik so gern als schwarze Magie ansehen, ist das möglich, weil wir sie noch vor kurzem als weiße Magie erträumt haben. Der Irrationalismus hatte die Vernunft mißbraucht, bevor er sich gegen sie wandte.

In dieser Hinsicht verdient das Werk eines Philosophen wie Ernst Bloch unsere besondere Aufmerksamkeit. Erneut wird man fragen, was ein seit bald zwanzig Jahren toter Denker, der außerhalb wohlinformierter Kreise kaum bekannt ist, in einer Auseinandersetzung mit dem Geisteszustand der zeitgenössischen Massen zu suchen hat. Und ich sage noch einmal, was ich zu Lévi-Strauss erklärt habe: Der Einfluß eines Denkers läßt sich nicht an seinem offensichtlichen Bekanntheitsgrad messen. Lévi-Strauss' Verbindung mit der gegenwärtigen vulgären Geschichtsfeindlichkeit ist ebenso unbestreitbar wie die Verbindung Sartres mit dem bis vor kurzem grassierenden Vulgärmarxismus. Ebenso sicher und vielleicht noch sicherer läßt sich feststellen, wie sehr Ernst Bloch für den technikfeindlichen Irrationalismus unserer *Cafés du Commerce* verantwortlich ist: Bloch übte einen direkten und tiefen Einfluß auf Hans Jonas aus, der in Deutschland und anderen Ländern der Vordenker des heute prosperierenden Öko-Bewußtseins war und ist und der wiederum die theoretischen Grundlagen für Eugen

Drewermanns Verwünschungen des »mörderischen Fortschritts« lieferte. Hans Jonas' *Das Prinzip Verantwortung* wurde ein Bestseller und bleibt ein wesentlicher »fortschrittsfeindlicher« Bezugspunkt.

Nun war Jonas' Buch eine Antwort auf Ernst Blochs Hauptwerk *Das Prinzip Hoffnung*. Um Jonas verstehen zu können, muß man sich wieder seinem geistigen Vater zuwenden, obwohl oder vielmehr weil er ihn als Vaterfigur verworfen hat: Jonas verhält sich zu Bloch wie die schwarze Magie zur weißen: Er kehrt die Zeichen um. Trotzdem bleiben wir im Bereich der Magie.

Ernst Blochs Werk ist unbestreitbar sehr gealtert: Seine obligatorische stalinistische Orthodoxie wirkt erschreckkend, und es verrät deutlich den ostdeutschen Intellektuellen, dessen gehorsamer Idealismus sich verpflichtet glaubt, auf jeder Seite erneut das liberale und kapitalistische Denken zu schmähen: *Das Prinzip Hoffnung* wird oft von haßerfüllter Logomachie verunstaltet, für die man selbst bei dem Sartre der schlimmsten Jahre nichts Vergleichbares findet. Dennoch bleibt dieses gewaltige Werk ein faszinierender Entwurf, und heute erscheint es uns als das, was es ist: ein Lobgesang auf eine denkbar irrationale Utopie, geschrieben auf die Schlagkraft des marxistischen Rationalismus.

Gewiß ist die Utopie eine Dimension des Marxschen Werkes. Doch man darf bezweifeln, daß Marx sein Denken in den kühnen Hypothesen seines Schülers wiederentdeckt hätte. *Das Prinzip Hoffnung* ist eine maßlose Verherrlichung der als Alchimie verstandenen Technik. Der Techniker ist nach Ansicht Blochs der *Zauberer*, der wundertätige Gestalter einer strahlenden Zukunft. Als noch bemerkenswerter und bedeutsamer erweist sich, daß man den *Ursprung* der Technik selbst in der Utopie und nicht in einem Projekt rationaler Wirklichkeitsbewältigung zu suchen habe. Am Anfang stehe nicht die theoretisch fundierte Entscheidung, die Natur zu bezwingen, sondern der faustische Drang, sich selbst zu übertreffen und sein Menschsein zu transzendieren. Beim Übergang von der Alchimie zur Chemie gebe es keinen Bruch: Die alchimistischen Forschungen seien stets Versuche gewesen, das Fortschreiten der Menschheit zum höchsten Glück zu fördern; sie würden also das Vorhaben des realen Kommunismus ankündigen... »Geschichtsverbesserung und Weltverklärung verschränkten sich« von Ficino bis Paracelsus, von Böhme bis zu den Rosenkreuzern.[5] Also die historische Hoffnung und die Zauberei. Bereite im übrigen die *mutatio specierum* der Alchimie nicht die... Darwinsche Idee der Umwandlung der Arten vor?[6] Die Technik, versichert uns Bloch, war immer mit der *Magie* und nicht mit der mathematischen oder physikalischen Wissenschaft verbunden.[7] Wollte Bacon in seinem *Novum Organon* nicht »die Magie mit der Wissenschaft« vereinigen?[8]

Diese inspirierte und dämonische Sicht der Technik hat nicht viel mit der Definition der Historiker gemeinsam, die Bloch für bestürzend objektivistisch gehalten hätte: Nach Ansicht der Wissenschaftsgeschichte ist die Technik lediglich und offenkundig eine *Tochter* der Wissenschaft. Zweifellos konnte die Magie eine gewisse Rolle in der Technikgeschichte spielen[9], jedoch eine recht sekundäre. Der

5 Ernst Bloch, *Das Prinzip Hoffnung*, 3 Bde., Frankfurt a. M., Suhrkamp, 1985, S. 752.
6 Ebd., S. 754.
7 Ebd., S. 756.
8 Ebd., S. 759. Warum, setzt Bloch hinzu, sollte man nicht mit vollem Recht sagen, daß Wieners »Kybernetik« heute die Enkelin des von Raimundus Lullus hergestellten »Instrumentum ad omnis scibilis demonstrationem« und die Tochter der Leibnizschen Schrift »De arte combinatoria« sei? (Vgl. ebd., S. 760-762.)
9 Vgl. Lewis Mumford, *Technique et civilisation* (engl. Originaltitel: *Technics and civilization*, New York, Harcourt, Brace, 1934), Le Seuil,

magische Animismus begünstige durchaus nicht die Entwicklung der Wissenschaft, sondern bilde im Gegenteil ein wesentliches Hindernis für ihren Aufschwung.[10] Man ist hier weit vom Radikalismus Blochs entfernt, für den die Technik noch heute, vor allem heute, der eigentliche Ort der magischen Utopie und nicht der angewandten Wissenschaft bleibt. Allem Anschein zum Trotz ist Bloch also kein Denker der rationalen Technik, sondern ein Mystiker der Utopie.[11] Seine »faustische« Vision wird nun eine schwere Belastung für unsere heutige Zeit darstellen.

Gewiß trägt Ernst Bloch nicht als einziger zu unserer gegenwärtigen Denkweise bei. In der ersten Jahrhunderthälfte erlebte der Irrationalismus eine große Blütezeit, die sich in Philosophien mit sehr unterschiedlichen Ausrichtungen äußerte: So etwa wird Heidegger vom Autor des *Prinzips Hoffnung* zwar mit Beschimpfungen überschüttet, doch in vielfacher Hinsicht stimmt er mit dem Freiburger Rektor überein: Nach Ansicht Heideggers ist »das Wesen der Technik ganz und gar nichts Technisches«.[12] Als »ein Herausfordern, das an die Natur das Ansinnen stellt, Energie zu liefern«, erstrebe sie das »Entbergen« der Welt.[13] Und daher sei die Wissenschaft (hier widerspricht Heidegger bewußt und vorsätzlich den historischen Tatsachen)

1950, S. 46: »Die Magie war die Brücke, die die Imagination mit der Technologie verband [...]. Da man derart heftig geträumt hatte, ließ man die Technik, die hierauf folgte, weniger unglaublich, also weniger unmöglich erscheinen.«

10 Ebd., S. 38-42.

11 Der Zusammenhang zwischen der technischen Entwicklung und der Entstehung des modernen Staates wird im *Prinzip Hoffnung* praktisch nicht berücksichtigt. Siehe zu diesem Thema z. B. Marcel Gauchet, *Le désenchantement du monde*, Gallimard, Bibliothèque des Sciences Humaines, 1985, S. 88.

12 M. Heidegger, »Die Frage nach der Technik«, in: Martin Heidegger, *Vorträge und Aufsätze*, Pfullingen, Neske, 1954, S. 13.

13 Ebd., S. 22.

nicht die Ursache der Technik, sondern vielmehr deren Folge.[14]

Bei Heidegger wie bei Bloch ist die Technik weitaus mehr als die Technik.[15] Und dieses »weitaus mehr« ist nicht lediglich, wie alle Historiker das anerkennen, der Einsatz, den Wissenschaft, Ökonomie und Gesellschaft in die Waagschale werfen. Es bedeutet eine metaphysische Herausforderung, einen Wettstreit mit den Göttern. Heidegger und Bloch zusammen stimmen in diesem Punkt mit einem gewissen… Oswald Spengler überein, der uns erklärt, die *faustische* (d.h. westliche) Technik sei »etwas Einziges«[16];

14 Ebd., S. 30. Als Gegenargument läßt sich die folgende Erklärung Jean Dieudonnés anführen: »Vor 1700 hätte niemand die einigermaßen engstirnige Überzeugung vertreten können, daß allein die Technik der Mathematik zugrunde liege. Die Griechen dachten genau das Gegenteil. [...] Es gibt also keinen Zweifel: Die Vorstellung, daß die Mathematik aus technischen Bedürfnissen hervorgehe, ist allerneuesten Datums und [...] ganz und gar falsch.« (*Penser les mathématiques*, Le Seuil, 1982, S. 23; zit. bei: Evry Schatzmann, *La science menacée*, S. 43.) Man darf sich fragen, ob Heideggers vorsätzliche Geschichtsklitterung den Anspruch auf philosophische Würde erheben kann, die ihn von der Sünde der Ignoranz freispricht. Im Grunde geht es darum, die Geschichte umzuschreiben, um ihr jeden Anspruch abzuerkennen, einen Sinn zu liefern, und um im Namen des *Seins* die einfache chronologische Realität für ungültig zu erklären. In einem ganz anderen ideellen Zusammenhang findet man hier wieder die Voreingenommenheit des sogenannten Strukturalismus gegen die Diachronie – und vielleicht den gleichen Abscheu vor der Zeit.

15 Nachdem Ernst Bloch mit dem Heideggerschen Pessimismus abgerechnet hat, dessen Schuld es sei, im Menschen die Angst und nicht die Hoffnung zu sehen, und nachdem er sich Sätze erlaubt hat wie den folgenden: »Er reflektiert vom Kleinbürgertum her die Gesellschaft des Monopolkapitals« (a.a.O., S. 124) usw., zitiert er, um sein Prinzip Hoffnung der haltlosen heideggerschen Angst entgegenzustellen, Hölderlin: »Wo aber Gefahr ist, wächst/Das Rettende auch« (ebd., S. 127). Nun greift jedoch Heidegger in seiner »Frage nach der Technik« zu denselben Versen (a.a.O., S. 43)… Und es sind immer noch dieselben, in der Tat sehr beanspruchten Verse, auf die sich Adorno und Horkheimer in ihrer *Dialektik der Aufklärung* (Philosophische Fragmente, hg. von Waltraud Beyer, Leipzig, Reclam, 1989, S. 61) berufen.

16 Oswald Spengler, *Der Untergang des Abendlandes*, 2. Bd., a.a.O., S. 622.

als Traum, »der Gottheit ihr Geheimnis« abzuzwingen[17], und als Schöpfung einer »trunkenen Seele«, einer »unnennbaren Sehnsucht« möchte die Technik »sich von der Erde lösen« und »im Weltraum unter Sternen kreisen«.[18] Sie ist also ihrem Wesen nach spirituell und religiös. Wenn man »Sehnsucht« durch »Utopie« ersetzt, hat man das Spenglersche gegen das Blochsche Pathos ausgetauscht. Das Heideggersche Pathos ist nun zweifellos eines zweiten Grades, doch auch das »Entbergen«, das »Bestellen« und das »Erschließen« klingen, sofern man aufmerksam hinhört, einigermaßen faustisch.

Spengler, Heidegger und Bloch leugnen im Chor das instrumentelle Wesen der Technik. *Sie ordnen ihr selbst die Wissenschaft unter.* Sie sehen in ihr den brutalen oder glänzenden Ausdruck eines grundsätzlichen menschlichen Strebens. Damit leugnen sie ihr rationales, also beherrschbares Wesen. Wenn die Technik das Feuer der utopischen Seele ist, wenn sie der Wissenschaft vorausgeht und diese in den Dienst ihres faustischen Sehnens stellt, zeigt sich klar, daß sie in jeder Hinsicht zu allem fähig ist. Man kann das wie Bloch begeistert feiern oder sich darüber entsetzen, wie Hans Jonas es tun wird.

Das Prinzip Verantwortung, das Hauptwerk dieses Philosophen und die Inspirationsquelle der zeitgenössischen Ökologie, erschien 1979. Jonas antwortet also auf Ernst Blochs *Prinzip Hoffnung*. Doch das Schlimme ist, daß er Blochs wie auch Heideggers oder Spenglers Prämissen über die grundsätzliche Irrationalität der Technik teilt. Hieraus ergibt sich alles übrige.

Die Technik hat für Jonas wie für seine Vorgänger nichts

17 Ebd., S. 628.
18 Ebd., S. 629. Über die Technik als »Lebenstaktik« vgl. auch von demselben Autor: *Der Mensch und die Technik*, München, Beck, 1931.

mit angewandter Wissenschaft oder praktizierter Rationalität zu tun. Sie sei eine metaphysische, »aggressive« Einwirkung des Geistes auf die Natur, eine »Herrschaft« des Bewußtseins über die anorganische Welt: immer wieder der faustische Drang. Wenn Jonas, wie er versichert, sich von Bloch trennt, so deshalb, weil er einen derartigen Drang verwirft.[19] In seinen Augen haben diesen die Tatsachen selbst verurteilt: Nicht nur die Vernichtung des Planeten und der Menschen selbst zeichne sich am Horizont des »Fortschritts« ab (wie man es erklärt und ständig wiederholt hat, seitdem es die Atombombe gibt), sondern auch die genetische Manipulation, die Verhaltenskontrolle und die Verlängerung des individuellen Lebens auf unbestimmte Zeit seien auch und vor allem technische Perspektiven, die zwar nicht zwangsläufig oder unmittelbar die Vernichtung des Menschen oder der Welt bedeuteten, aber doch die Zerstörung der unser Leben und unsere menschlichen Existenzbedingungen gewährleistenden Natur einschlössen.

Um die Technik zu verwerfen, beschwört Hans Jonas beinahe nie die Gefahr einer vollständigen *Vernichtung* der Welt und der Menschheit, wohl aber die einer *Modifikation* des Lebens, wie es in der Natur gegeben sei. Was er als entscheidend einschätzt und für geeignet hält, uns von jeder Idee einer technischen Utopie abzubringen, ist nicht das Risiko des schlimmsten Falls. Vielmehr gehe es um *die Gefahr des besten Falls*, wenn man die Situation nur ein wenig weiter vorantreibe. Jonas erkennt an, daß die Technik wohltätig wirken kann.[20] Gleichwohl erscheinen ihm diese Möglichkeiten nicht weniger monströs als die voraussichtlichen schädlichen Auswirkungen. Dort, wo Bloch ein halbvolles Glas sah, sieht Jonas also ein halbleeres. Warum?

19 Vgl. Hans Jonas, *Das Prinzip Verantwortung*, Frankfurt a. M., Suhrkamp, 1984, S. 9.
20 Ebd., S. 51.

Weil sich seiner Ansicht nach die Natur unserer Fähigkeiten verändert hat: Wenn es die Bombe möglich machte, das Leben zu zerstören, so mache es nun das »genetische Genie« möglich, das Leben *anzutasten*, was schlimmer sei. Es sei entsetzlich, die Existenz zu vernichten, doch es stelle eine noch viel schrecklichere Bedrohung dar, deren Entwicklungsgang zu verändern. Im Besitz perverser Möglichkeiten, auf das Leben einzuwirken, seien wir nicht mehr in der Lage, sie zu beherrschen, falls wir es überhaupt jemals waren. Es bleibe nur eine Lösung: auf sie zu verzichten. Uns in die Arme unserer Mutter Erde zu werfen, die wir mit unseren Gebeten gnädig stimmen können. Jonas wünscht daher »die Wiederherstellung der Kategorie des Heiligen«[21], die von der Aufklärung zu Unrecht verworfen worden sei. Wir sollen unseren »rücksichtslosen Anthropozentrismus«[22] aufgeben. Wir sollen in der Natur »so etwas wie einen moralischen Anspruch« hören.[23] Denn diese Natur, die man als anorganisch bezeichne, sei bereits der Ort vorbewußter »Zwecke« und einer Subjektivität ohne Subjekt.[24] Unsere menschlichen Zwecke müssen sich nach dem der Natur richten, weil wir sonst Gefahr laufen, die größte ontologische Sünde zu begehen. Unablässig beschwört Jonas die *Strafen* der Natur[25]: Das also ist die numinose Macht, die durch das erlittene Unrecht beleidigt wurde, die Urmutter, die ihr vermessenes Kind bestraft. Der Widerstand der Materie legitimiert den heiligen Schauder und mit ihm den Verzicht auf die Utopie.

Doch welchen Wert haben diese Ermahnungen zur Umkehr, diese Verbote, sich weiter vorzuwagen? Welchen Sinn

21 Ebd., S. 57.
22 Ebd., S. 95.
23 Ebd., S. 29.
24 Ebd., S. 136-145.
25 Ebd., S. 331.

können sie haben, da die Technik doch nicht als eine Wirkung der Rationalität, sondern lediglich (in der unangefochtenen Tradition Blochs oder Heideggers) als eine unabwendbare Folge unseres faustischen Traums angesehen wird? Der Autor von *Das Prinzip Verantwortung* macht aus der Welt den Wirkungsbereich zweier Wesenskräfte, denen beiden sowohl die Freiheit als auch die Rationalität fehle und von denen die eine ebenso *notwendig* wie die andere sei: der Technik, die ihre unerbittliche Flamme weiterlodern lasse, und der Natur, die ihren ewigen Ruf ausstoße. Einzig eine unbewußte und allmächtige Kraft, die Natur, könne es mit jener anderen unbewußten und nicht weniger allmächtigen Kraft, der Technik, aufnehmen. Das ist der Kampf zwischen Ormuzd und Ahriman. Und der Raum, der dem Menschen dabei bleibt, scheint sehr begrenzt.

Damit kommen wir auf unsere ursprüngliche Frage zurück: Machen sich Bloch und Jonas eine angemessene Vorstellung von der Technik? Und irren sie sich nicht gerade deshalb in ihrem Urteil, weil sie in der Technik jene faustische Macht sehen? Wenn es nun aber zutrifft, daß die Technik die ständige Verbesserung der menschlichen *Lebensbedingungen* ermöglicht, so ermöglicht sie andererseits selbst heute nicht, selbst nicht durch *genetic engineering*, daß es zu einer vollständigen Umwandlung der *Bedingungen des Menschseins* kommt. Jedenfalls ist sie ganz einfach *keine* faustische, transzendente und göttliche Macht. Gewiß ist das technisierte Paradies, das Bloch und nach ihm Marcuse offenbar wünschen, nicht wünschbar, weil es sich als widersprüchlich erweist.[26] Doch dieses Paradies wird eben nie entstehen, selbst wenn die Utopie über alles hinausgelangt wäre, was wir uns vorstellen können: Wenn das menschliche Leben extrem verlängert würde, wenn sich unsere ge-

26 Ebd., S. 342-373.

netische Struktur nach Belieben (und allein zu unserer Zufriedenheit) verändern ließe, wenn wir alles Notwendige hätten, ohne im Schweiße unseres Angesichts arbeiten zu müssen – wer behauptet, daß wir dann dem Reich der ontologischen Notwendigkeit entzogen wären? Wer behauptet, daß wir dann nicht mehr litten, daß der Tod kein Problem mehr wäre, daß immerwährend das Glück herrschte und das Fest ununterbrochen weiterginge? Solange uns nicht die absolute Unsterblichkeit (und möglichst nicht die des Tithonos) zuteil wird, bleibt der Tod die metaphysische Grenze, und die menschliche Natur wird sich nicht ändern.

Der große Irrtum Jonas' und aller modernen Katastrophentheoretiker ist, daß sie in der Nachfolge der Utopisten – wobei sie deren Überzeugung einfach mit einem entgegengesetzten Zeichen versahen – geglaubt haben, daß die Technik, diese faustische Macht, die Grundlagen der menschlichen Existenzbedingungen verändern wolle und das auch erreichen werde. Dieser Irrtum, den sie alle gemeinsam begehen, ist die Folge ein und derselben irrationalistischen Zwangsvorstellung, die der Technik und folglich der Wissenschaft weitaus mehr oder auch weniger gibt, als ihnen zukommt.

Nun verpflichtet aber die Wahrheit zu der Feststellung, daß die Wissenschaft, auch aufgrund ihrer technischen Erfolge und weil die Technik im wesentlichen rational ist, nichts anderes tut, als die Kenntnis der menschlichen Existenzbedingungen und ihrer unüberwindlichen Grenzen zu erweitern. Gewiß, sie hat im Lauf der Jahrhunderte unablässig die Ausnutzung unserer Möglichkeiten verbessert, auf die Materie einzuwirken. Doch zunächst einmal hat sie diese Möglichkeiten *beschränkt*. Die Wissenschaft ist in erster Linie das systematische Verzeichnis all dessen, was dem Menschen unmöglich ist: der Unmöglichkeit des Perpetuum mobile, der unendlichen Geschwindigkeit, der Rückkehr in die Vergangenheit, der Unsterblichkeit: mit anderen Worten, der Unmöglichkeit all dessen, was die *Magie* verwirklichen möchte und noch immer vorgibt zu verwirklichen. Die Wissenschaft, einschließlich ihrer technischen Errungenschaften, entzaubert die Welt. *Sie ist der Antifaust.*

Doch der Utopist Bloch und der Antiutopist Jonas fragen kaum nach einer sich selbst bescheidenden und beschränkenden rationalen Wissenschaft. Sie wollen nichts von einer Technik wissen, die als angewandte Wissenschaft verstanden wird. Sie kennen nur die – für Bloch weiße, für Jonas schwarze – Magie: für Bloch eine Macht, die die Selbstverklärung der Erde bewirke, eine Flamme, die durch Dichtung, Musik und geistige Schau in uns zu erhalten und zu schüren unsere Aufgabe sei und die eher uns die Richtung weise, als daß wir ihr die Richtung wiesen. Und für Jonas ist sie eine unbeherrschbare Macht, die allein die mütterliche Stimme der Erde hemmen könne.

Diese Widersacher sind wahrhaftig füreinander geschaffen, um sich zu verständigen. Will Jonas in Bloch den Apostel der Technik anprangern? Im *Prinzip Hoffnung*, diesem gewaltigen Werk, nimmt die Technik – als eine Stimme im Chor der menschlichen Utopie – indes nur einen verschwindend kleinen Raum ein, während Künste und Religionen den Königsthron innehaben. Im Grunde interessieren sich unsere beiden Söhne der Erde überhaupt nicht für die Technik als Menschenwerk. Sie sehen in ihr nur den nicht zu unterdrückenden faustischen Drang, eine rosige oder schwarze Utopie.

Aber vergessen sie nicht, daß wir von unserem Bewußtsein und nicht nur von unseren Trieben bestimmt werden? Wer erkennt nicht, daß der merkwürdige »moralische Anspruch« der Erde, von dem Jonas spricht, unhörbar bleibt, wenn wir ihn nicht mit unseren menschlichen Worten vernehmbar machen? Er kann nichts anderes als unsere menschliche Entscheidung sein, uns den angeblichen Weisungen der Dinge oder des Anorganischen zu unterwerfen. Luc Ferry stellt fest: »Jede Bewertung, einschließlich jener der Natur, wird vom Menschen vorgenommen, und [...] demzufolge ist jede normative Ethik in gewisser Hinsicht humanistisch und anthropozentrisch.«[27] Wenn der Jonassche Mensch beschließt, sich der segensreichen Obhut des sanften mütterlichen Gesetzes zu unterstellen, um zu überleben, so nicht deshalb, weil er in einer krampfartigen Erleuchtung unter Blitzen und Wolken die Offenbarung der Liebe Gaias entdeckt, sondern weil er *die Wahl trifft*, sich das, was er Natur nennt, als höchsten Gott zu geben.

Und um nicht in Unglauben zu fallen, muß sich der Jonassche Mensch wie alle Gläubigen verhalten: Er kann und darf nicht die blasphemische Idee in Erwägung ziehen, daß der Gegenstand seines Glaubens durchaus von ihm selbst erfunden sein könnte. Er muß die Natur als eine Macht wählen, die tatsächlich, »objektiv«, über ihn hinausgeht. Das Prinzip Verantwortung müßte eigentlich Prinzip der *Verantwortungsübertragung* heißen: Ich bin zu schwach und stelle für mich selbst eine Gefahr dar; ich bin wie jene Exzentriker, die ihre eigene Einlieferung ins Gefängnis oder Krankenhaus verlangen, da sie ihr eigenes Verhalten nicht mehr verantworten können. Um an ihre Wirksamkeit glauben zu können, muß sich die Macht, die mich schützt und leitet, außerhalb von mir selbst befinden.

27 Vgl. Luc Ferry, *Le nouvel ordre écologique*, Grasset, 1992, S. 244.

VII
Geschichte einer Entfremdung

Alle großen und kleinen Formen des Irrationalismus und des gegenwärtigen Obskurantismus lassen sich auf das zurückführen, was man als »Heteronomie« bezeichnen kann: die bewußte Selbstverleugnung und Selbstentäußerung sowie eine wiederbelebte magische Weltsicht – kurzum, Entfremdungserscheinungen. Was läßt sich dazu noch sagen? Was soll man tun, um diesen magischen Versuchungen zu entgehen? Ich kann durchaus so viele freiwillige Abhängigkeiten anprangern, wie ich möchte: Die Verfechter von Mutter Natur oder von Geschichte als Fatum und jene des Absoluten, das einmal durch die positivistische Wissenschaft, ein anderes Mal durch den kreationistischen Glauben belegt wird, haben nur ein Argument, um mich abzuweisen: Sie alle werden in ihrem jeweiligen Vokabular lautstark (oder lächelnd) erwidern, die Heteronomie, die äußerliche Herkunft des Wahren, sei die Realität. Was soll man antworten, wenn heute behauptet wird, daß die Natur über uns stehe, daß die Geschichte abendliche Fernsehunterhaltung sei, daß die Genesis den wirklichen Kosmos darstelle oder daß die positive Wissenschaft die Nichtexistenz des Fortschritts beweise? Ist man nicht auf tragische Weise wehrlos? Kaum glaubt man, man hätte erfolgreich den allen antirationalistischen und fortschrittsfeindlichen Richtungen gemeinsamen Irrtum aufgedeckt, wird man vollständig aus dem Konzept gebracht: »Du kannst keinen *Beweis* anführen, der diesen angeblichen Irrtum widerlegt«, bekommt man zu hören, »und niemals vermag ein Vernunftschluß etwas gegen die Bollwerke der Argumente auszurichten, die gerade deinen Rationalismus in Frage stellen.«

Ich gebe mich nicht geschlagen. Jetzt ist tatsächlich der Augenblick gekommen, in dem man sich schlagen muß. Sollte es bei alldem wirklich nur um Überzeugungen gehen, über die man sich genausowenig wie über Geschmack oder Farben streiten darf? Könnte der Antirationalismus etwa ein Humanismus sein? Nun, ich glaube genau das Gegenteil. Mit anderen Worten: Wenn der Antirationalismus unhaltbar ist, so durchaus nicht aus bloßen Verstandesgründen. Der Grund ist vielmehr, daß er die Herrschaft der Unredlichkeit und des Selbstbetrugs über den Menschen sanktioniert. Wenn man sich hingegen für die Vernunft und die aus ihr hervorgehende Wissenschaft entscheidet, so entscheidet man sich für das Bewußtsein: *Die wissenschaftliche Haltung ist überhaupt nichts anderes als die ethische Haltung.* Die Preisgabe der (in diesem »idealen«, tatsächlich jedoch sehr realen Sinn aufgefaßten) Wissenschaft würde unsere eigene Preisgabe bedeuten.

Offensichtlich bin ich nicht der erste, der die Kluft überbrücken möchte, die seit Descartes und bis heute zwischen Wissenschaft und Bewußtsein (oder, um es mit philosophischeren Begriffen auszudrücken, zwischen der reinen und der praktischen Vernunft) aufgebrochen ist. Darum bemühen sich zeitgenössische Philosophen wie Jürgen Habermas oder Jean-Marc Ferry. Ohne daß ich beanspruche, ihre philosophische Meisterschaft zu erreichen, und ohne zu versuchen, das rechtmäßige Vorhandensein von Zusammenhängen zwischen reiner und praktischer Vernunft festzustellen, möchte ich hier lediglich angeben, was ich für den Ort halte, an dem sich beide vereinen; und ich möchte den Menschen so darstellen, wie er sein kann – und wie er manchmal ist.

Hierfür muß man versuchen, bis zu der alleinigen Quelle der Vorstellung zurückzugehen, aus der sich Wissenschaft und Bewußtsein entwickeln: bis zu dem ursprünglichen

Gedanken, der vor jeder Trennung oder Spaltung zwischen »wissenschaftlichem Fortschritt« und »sittlichem Fortschritt« da war.

Ein erster, allzuoft vergessener eindeutiger Sachverhalt: Die Idee des Fortschritts bezog sich zunächst auf den seelischen Bereich, lange bevor sie sich der Materie zuwandte. Sie ist durchaus keine Folge der Wissenschaft: Ganz im Gegenteil machte gerade diese Idee die Wissenschaft erst möglich. Daran erinnert Mircea Eliade in einem prophetischen und leidenschaftlichen Buch[1]: Der »Fortschritt« ist zuerst und vor allem eine Angelegenheit der nach einer Hoffnung suchenden Seele. Er ist untrennbar mit einer Zeitauffassung verbunden, die vom *Christentum* eingeführt wurde: der linearen Zeit, der geraden Linie oder dem Pfeil[2], im Gegensatz zur zyklischen Zeit der Griechen. Lange bevor der menschliche Fortschritt eine wissenschaftliche oder historische Vorstellung wird, ist er die christliche Vision einer Heilsgeschichte, einer von einem höheren Sinn gelenkten Geschichte, eines sinnvollen Wagnisses der Seele in der Welt.[3]

1 Vgl. M. Eliade, *Le mythe de l'éternel retour*, Gallimard, Coll. Idées, 1969; vor allem S. 166ff. – Zit. nach: Mircea Eliade, *Kosmos und Geschichte*, aus dem Französischen von Günter Spaltmann, Frankfurt a. M., Insel, 1994, S. 155ff.

2 Zu diesem Thema kann man ebenfalls die Erläuterungen von Henri-Charles Puech lesen: »La Gnose et le temps«, in: *En quête de la Gnose*, Bd. I, Gallimard, Bibliothèque des Sciences Humaines, 1978, S. 215-270.

3 Vgl. Jean Guittons Dissertation (die er in einer Zeit geschrieben hat, da er weniger anfechtbare Werke als heute verfaßte): *Le temps et l'éternité chez Plotin et Saint Augustin*, Aubier, 1950 (zuerst Paris, Boivin, 1933). Darin wird gezeigt, wie es allein die Ankunft Christi als ein einzigartiges Ereignis ermöglicht, über die plotinsche Zirkularität hinauszugelangen. Vgl. auch einen allgemeinen Überblick über diese Frage bei François Châtelet, *La naissance de l'histoire*, UGE, 10/18, 1962, Bd. I, S. 7-88. Auf seine Weise paraphrasiert Borges die Argumentation, die Augustinus gegen die Vorstellung von der ewigen Wiederkunft entwickelt hat in »Die Lehre von den Zyklen« (in: *Niedertracht und Ewigkeit*, Erzählungen und Essays, aus dem Spanischen von Karl August Horst und Gisbert Haefs, Frankfurt a. M., Fischer, 1991, S. 151-168).

Langsam, im Lauf der Jahrhunderte, mit der Zeit hat sich diese Idee von der Innerlichkeit der dem Himmel entgegenstrebenden Seele abgewandt und sich der Äußerlichkeit der materiellen Welt bemächtigt. Von dem berühmten, durch Descartes und Bacon bewirkten Bruch an hat sie auf den göttlichen Beistand verzichtet und sich als eine philosophische Wahrheit, dann als wissenschaftliche Objektivität verstanden.

Diese »fortschreitende« Schwerpunktverlagerung, dieser Übergang vom Fortschritt der Seele zum Fortschritt schlechthin, von der Heilsgeschichte zur Geschichte schlechthin, ist gewiß eines der tiefsten Mysterien, wenn nicht gar das tiefste Mysterium der abendländischen Menschheit. Warum und wie setzte sich diese Metamorphose oder diese Metapher ins Werk? Jedenfalls riß die Idee der linearen Zeit die Menschheit aus der fatalistischen Vorstellungswelt der ewigen Wiederkehr, befreite sie also vom Schicksal des Sisyphos: Sie eröffnete das Feld einer sinnvollen Zeitlichkeit, das sich so weit erstreckt, wie das menschliche Auge reicht. Es geht also um die Idee einer Zeit, in der man mit realen – geistigen und danach materiellen – Errungenschaften rechnen kann.

Aus dem Fortschritt der Seele wurde somit ein Fortschritt der Welt und ein Fortschritt innerhalb der Welt. Infolgedessen hing die Realität dieses Fortschritts jedoch nunmehr von dem jeweiligen Bild ab, das man sich von ihm in der materiellen Sphäre machte, also von den Modellen, die Philosophen und Gelehrte nach Vorgabe ihrer Entdekkungen über unseren Kosmos erarbeitet haben, der in dem Maße, wie die abendländische Wissenschaft ihre Machtpositionen stärkte, zum Ort der objektiven, faktischen, unwiderlegbaren und letzten Wahrheit geworden war. Die physikalische Realität wurde zum *Gradmesser* der metaphysischen Realität.

Diese Glaubensübertragung, diese fortschreitende Ineinssetzung der Struktur der materiellen Außenwelt mit der geistigen Realität, vollzog sich zunächst reibungslos. Die Idee des menschlichen Fortschritts konnte sich vor dem friedlichen Hintergrund eines Kosmos, dessen Unwandelbarkeit die ideale Basis unseres siegreichen Vormarsches bildete, ungehindert entfalten. Bald aber breitete sich Verwirrung aus: War die objektive, materielle Welt wirklich die sichere Bewahrerin des Fortschritts, sein mathematischer Beweis und sein physikalischer Ausdruck? Warum sollte sie nicht ganz im Gegenteil und trotz der verheißenen linearen Zeit der Ort ewiger Wiederkehr, grauenhafter Geburtswehen oder fürchterlicher Rückfälle sein?[4] Warum sollte die Realität der Materie nicht den Hoffnungen der Seele widersprechen? Gewiß schienen die Evolutionstheorien des 19. Jahrhunderts diese Befürchtungen zu zerstreuen: Das war die Zeit der geistigen Vorherrschaft Darwins und Morgans. Die Erde hatte ein unermeßliches Alter, und die Zeit erwies sich zugleich als unumkehrbar und schöpferisch. Die einzelnen Tierarten hatten sich im Verlauf von tausend und aber tausend Jahren zu einer immer größeren Komplexität und Vollkommenheit entwickelt: Die Menschheit würde zwangsläufig den gleichen Weg nehmen.

Nun aber tauchte ein Gedanke auf, der nicht weniger »wissenschaftlich« und auch nicht weniger respekthei-

4 Mitten im 18. Jahrhundert bedrücken diese Gefahren in einer peinigenden Vorahnung Diderot. Vgl. seinen *Brief über die Blinden zum Gebrauch für die Sehenden* (in: Denis Diderot, »Philosophische Schriften«, 1. Bd., aus dem Französischen von Theodor Lücke, Berlin, Aufbau, 1961, S. 81): »Was ist diese Welt, Herr Holmes? Eine Zusammensetzung, immer wieder Umwälzungen unterworfen, die alle eine beständige Tendenz zur Zerstörung anzeigen; eine schnelle Aufeinanderfolge von Wesen, die einander ablösen, sich verdrängen und verschwinden [...].« Und Diderot schließt mit folgendem Gebet, das ihn als unvergleichlich hellsichtigen Warner zeigt: »O Gott Clarkes und Newtons, erbarme dich meiner!«

schend als jener der Evolution war: die *Entropie*, die bald wie eine kalte (oder, um es genauer auszudrücken, lauwarme) Dusche auf unsere Erwartungen wirkte, unaufhaltsam der Vollkommenheit entgegenzugehen. Der Idee einer ständigen Vorwärtsbewegung und einer wachsenden Ordnung stellte sich plötzlich die Idee des Rückschritts und der »fortschreitenden« Unordnung entgegen.[5] Man glaubte, sich vorwärts zu bewegen, und man hatte nicht unrecht; doch am Ende wartete der Tod. Der Kosmos verriet uns. Die Entropie hat an den Gestaden unserer Gegenwart die still verzweifelte Vorstellung vom Untergang der Kulturen und Menschen abgelagert.[6] Die Anthropologie hat es, dem berühmten Lévi-Straussschen Diktum zufolge, seitdem für ihre Pflicht gehalten, sich selbst als »Entropologie«, als Wissenschaft von der Entropie, aufzufassen.

Da die Idee des Fortschritts in unserer Vorstellung des materiellen Kosmos kein zuverlässiges Beweismittel mehr besaß, fiel sie in den Zustand einer haltlosen Glaubensüberzeugung zurück: Was gibt es zu gewinnen, wenn die Evolution zwangsläufig zum Tode führt? Die nicht umkehrbare und fortschreitende Zeitlichkeit, die schlagartig ihres wissenschaftlichen Aufputzes, ihrer beruhigenden Äußerlichkeit beraubt war, erschien wieder in ihrer ganzen Nacktheit: Sie war nur eine *Idee*, die man aus dem Christentum (und insbesondere von Augustinus) übernommen hatte, der nun aber die metaphysische Hoffnung fehlte, wie sie dem Christen als geistige Grundlage für seine Zeitauffassung dient. Was ließ sich nach einer solchen Katastrophe noch tun? Wozu sollte man seine Zuflucht nehmen? Zu den evolutioni-

5 Vgl. hierzu Georges Canguilhem, »La décadence de l'idée de progrès«, in: *Revue de Métaphysique et de Morale*, Nr. 4, 1987, S. 444. – Deutsch: »Fortschritt, Entfaltung und Dekadenz einer utopischen Idee«, übersetzt von Markus Sedlaczek, in: *Lettre International*, Heft 30, III/95, S. 43.

6 »La décadence...«, S. 451-454. – »Fortschritt...«, S. 43-44.

stischen oder historistischen *Philosophien*? Doch soweit sie spiritualistisch waren, wie etwa die Hegels, und in der offenkundigen Nachfolge der christlichen Weltsicht standen, traten sie ja gerade *gegen* die Wissenschaft auf. Sie konnten nur »standhalten«, wenn man für sie ein Glaubensbekenntnis ablegte und sich für sie innerlich engagierte, wovon man, wie man geglaubt hatte, gerade dank der Wissenschaft befreit war. Die spiritualistischen Geschichtsphilosophien sind nicht im mindesten hilfreich für jemanden, der nach einer äußeren und materiellen Gewißheit sucht. Wenn die Entropie eine objektive und letzte Wahrheit ist und wenn Carnot gegen Darwin recht hat[7]; wenn die Wissenschaft in jedem Moment ihrer Entwicklung lediglich wie ein Schriftgelehrter die Welt auf Knien vollständig transkribiert und wenn ihre Erkenntnis uns den Zugang zur letzten Wahrheit der Dinge eröffnet, dann endet alles mit dem Tod. Wozu soll man dann noch denken, kämpfen und urteilen? Da das Unterbewußtsein der gegenwärtigen Welt sich sicher ist, daß es die Entropie gibt, kann es nur depressiv sein.

Heute wird die Entropie im öffentlichen Bewußtsein von einer anderen Weltsicht verdrängt oder vielmehr vervollständigt, die sich aus der berühmten *Chaostheorie* ergibt. Das »Chaos« der Physiker hat bekanntlich nichts im umgangssprachlichen Sinne »Chaotisches«. Es ist »eine zeitliche Entwicklung, die spürbar von den Ausgangsbedingungen abhängt«[8]: Wenn man eine Kugel von einem Gipfel herabfallen lasse, so werde sie den Nord- oder Südhang des Berges entlangrollen und sich bald, je nachdem, welche Seite sie in einem unmerklichen Zögern gewählt habe, an ganz unterschiedlichen Punkten befinden. Ein anderes Bei-

7 »Wie könnten sie zugleich recht haben?«, fragt hellsichtig Roger Caillois (zit. bei Ilya Prigogine und Isabelle Stengers, *La nouvelle alliance. Métamorphose de la science*, Gallimard, 1979, S. 144).

8 Vgl. David Ruelle, *Hasard et chaos*, Odile Jacob, 1991, S. 89.

spiel ist der leise Flügelschlag eines Schmetterlings, der für einen drei Wochen später am anderen Ende der Welt losbrechenden Orkan verantwortlich ist. Die Chaostheorie steht in einem gewissen Zusammenhang mit der Entropie; je komplexer das jeweilige System ist, desto unwahrscheinlicher ist die Rückkehr der untersuchten Objekte in ihren ursprünglichen Zustand. Hieraus folgt deren zunehmende Entropie. Und daher wird die *menschliche Geschichte*, ein überaus komplexes System, praktisch unumkehrbar sein.[9]

Man kann sich fragen, in welchem Maße die Chaostheorie wirklich als Methode brauchbar ist, um politische, ökonomische oder soziale Phänomene zu erklären. Doch unserer Ansicht nach geht es nicht um diese Frage. Es geht darum, daß diese Theorie auf mehr oder weniger legitime Weise unsere Interpretation der Welt und sogar des menschlichen Schicksals beeinflußt. »Kleine Ursachen, große Wirkungen«, das ist, grob vereinfachend ausgedrückt, das »Chaos« der heutigen Physiker. Nun projizieren wir aber unser gegenwärtiges, zeitgemäßes Gefühl der menschlichen Verantwortung in dieses Chaos hinein – was man das Autofahrer-Syndrom nennen könnte: Wenn ich als Fahrer einen anderen Menschen töte, stehen die Wirkungen in einem tragischen Mißverhältnis zu den Ursachen. Doch das trifft selbstverständlich auch zu, wenn ich durch kleine, ganz einfache Manipulationen künstliche Zwillinge schaffe oder ganze Menschengruppen radioaktiv verstrahle.

Die Wissenschaftler lassen uns zwar die Hoffnung, daß die Chaostheorie in einzelnen Fällen die Gesetze der Thermodynamik aufheben, also die Entropie verlangsamen oder ihr entgegenwirken kann. Doch solche Gnadenfristen am Rande des Abgrunds reichen schwerlich aus, um das kollektive Bewußtsein zu beruhigen. Die Theorie der Entropie

9 Ebd., S. 115-121.

führte zu seelischen Depressionen; die Chaostheorie etabliert die Vorstellung, daß die Welt, selbst wenn sie besser als vorhergesehen der verheißenen Erstarrung widerstünde, gleichwohl von einem Determinismus beherrscht werde, der um so unerbittlicher sei, als man ihn nicht vorhersehen könne.

Jawohl, ein *unvorhersehbarer Determinismus*: Das ist der ontologische Schlag, der unsere Seele trifft. Der unvorhersehbare Determinismus: der Gipfel unserer Selbstenteignung. Uns überwältigt das beängstigende, unerträgliche Gefühl, daß wir die Bewegungen der Welt nicht beherrschen, obwohl es Bewegungen sind, die von der unerbittlichsten Notwendigkeit bestimmt werden. Und, metaphorisch betrachtet, sind wir nun sicher, daß wir die Folgen von Handlungen, die auszuführen für uns im übrigen ein unbedingter Zwang ist, oder auch von Entscheidungen, denen sich die Atome unseres Gehirns nicht im mindesten entziehen können, nicht in der Hand haben. Der unvorhersehbare Determinismus oder das Schicksal in seiner archaischsten, wildesten und blindesten Erscheinungsform.

Wie ich es in einem früheren Kapitel bereits gesagt habe: Wir sind heute schwerlich in der Lage, das schreckliche Bild geistig zu verarbeiten, das uns die Wissenschaft von Mensch und Universum bietet. Von Kopernikus bis Darwin, von Carnot bis Freud hat der naive, im Mittelpunkt der Welt und der Schöpfung thronende Mensch seine fortschreitende Selbstenteignung erlebt. Mit der »Chaostheorie« verlieren wir heute den letzten Rest unseres Herrschaftsbereichs. Noch vor kurzem ließen uns die unbarmherzigen Wirkungen des Determinismus wenigstens einen Trost: Wir konnten sie vorhersehen. Heute ist die Notwendigkeit derart komplexen Gesetzen unterworfen, daß jede Hoffnung auf eine Vorhersage haltlos scheint. Von geringfügigen Unterschieden abgesehen, findet der zeitgenössische Geist wieder zum Universum des Lukrez zurück: Myriaden von Atomen sinken gleich Regenwolken ins Nichts; zuweilen ballen sie sich in bedeutungsvollen Gebilden wie Bienenschwärme oder Stare vor dem herbstlichen Zug zusammen. Dann löst sich alles auf. Und so komplex, vielfältig und schön diese Formen am schwarzen Himmel auch sein mögen, schließlich werden sie sich alle auflösen, und der Regen der Atome, wenn denn einige übriggeblieben sind, wird in immer gleicher Weise niedergehen, zum ewigen Überdruß Gottes – oder des Nichts.

Wenn dieses Bild des Realen (ich behaupte selbstverständlich nicht, daß es mit der heute von der Wissenschaft untersuchten Realität übereinstimmt, vielmehr entspricht es der Realität des Gefühls, das diese Wissenschaft in uns hervorruft), wenn dieses Bild uns derart unerträglich ist, so sehr, daß wir lieber die ganze Wissenschaft ablehnen, als daß wir uns mit ihr auseinandersetzen und sie uns aneignen, so liegt das gerade daran, daß wir, ohne es selbst zu wissen, vollkommene Materialisten geworden sind: Wir sehen unseren materiellen Lebensraum als unseren geistigen Ort an. Wir leben oder überleben in der gedankenlosen Gewißheit, daß die Außenwelt, die Äußerlichkeit der Welt, uns die ganze Wahrheit über den Menschen, die menschliche Seele mitteilt. Diese Art zu denken oder nicht zu denken geht vielleicht auf »Descartes« oder zumindest auf den durch ihn symbolisierten Zeitpunkt zurück: Sobald der Mensch sich zum Herrn und Meister über die Natur machen möchte, wird er in der Natur, die er somit als ein Objekt (das heißt als absolut objektiv) ansieht, die Zeichen und Beweise für das Schicksal seiner Seele suchen. Sobald er erklärt, Macht über die materielle Welt zu haben, beruft er sich auf sie, um aus ihr sein metaphysisches Schicksal herauszulesen. Die Seele macht sich die Materie untertan, doch gerade durch diese Wendung gibt sie den Glauben auf, daß ihr Schicksal dem der Materie widersprechen könnte. Und das erklärt, warum die Idee der Entropie sie deprimiert und die des Chaos sie lähmt. So groß ist unsere Entfremdung.

Wenn man aber denkt, eine solche Sichtweise sei unvermeidlich, so läßt man sich wieder vom materialistischen Vorurteil anstecken. Nichts hindert uns daran, nichts, uns in jedem beliebigen Winkel des materiellen und geistigen Universums nach anderen Sternen zu richten. Der Materialismus bleibt nur in seinem eigenen geschlossenen Universum stets unangefochten. Außerdem trifft es nicht zu, daß die *gesamte* intellektuelle und geistige Tradition der Moderne unabwendbar zu ihm führt. Das 17. Jahrhundert, die Gründerzeit der Moderne, ist gewiß jene Epoche, in der man sich von der Seele abwendet, um die Welt zu erobern, und in der jener wohlbekannte Prozeß der Objektivierung und Veräußerlichung der christlichen Zeit beginnt, der nach und nach jedes Ding und jedes Wesen zu einem Objekt der Wissenschaft macht und der uns parallel dazu der Herrschaft der »Tatsachen« unterwirft, die man zuerst im materiellen Himmel vergöttlicht hatte. Dennoch faßt diese zur äußeren Herrschaft und inneren Versklavung führende Bewegung nicht unsere ganze Geistesgeschichte zusammen.

Den Denkern, an die ich mich (im vernunftgemäßen, doch auch im emotionalen Sinn des Wortes) binden möchte und die annähernd Zeitgenossen Descartes' und Bacons sind, geht es im Gegenteil darum, daß die Herrschaft über das Innere zum Maß unserer Beherrschung der Materie werden soll. Es geht ihnen darum, Sein und Zeit fortschreitend zu verinnerlichen. Es geht darum, endlich zu begreifen, daß die Quelle in uns selbst ist – die eines jeden Gottes, doch auch die jeder materiellen Gewißheit, jeder Weltanschauung. Es geht darum, das Verständnis für die Innerlichkeit der Zeit und Gottes oder, wenn man diesem Begriff mißtraut, für deren Vermenschlichung zu wekken. Denn was gewinnt man, wenn man Gott Herrschaft und Macht über das Wirkliche entzieht, um sie hierauf der Materie selbst, den angeblichen wissenschaftlichen »Tatsachen«, zu übertragen? Nein, das darf nicht sein. Und damit so etwas nicht geschieht, soll man sich nicht als erstes die Außenwelt aneignen, indem man sie mit objektiven Wahrheiten knebelt; die Seele – oder der Geist – selbst muß sich endlich als die nie versiegende Quelle des Wahren anerkennen.

Dann wird die Wissenschaft bei weitem nicht als der Diskurs einer an die Stelle Gottes tretenden Objektivität erscheinen, vielmehr ist sie nun die Erforschung des eigenen Selbst im Innersten der Welt. Wenn man die Wirklichkeit des Universums verstehen will, so will man zur Wahrheit des Menschen vordringen. Gewiß gab es Bacon und Descartes. Doch es gab auch Bayle und Spinoza und ihren Hauptparteigänger Voltaire, nach deren Ansicht das wissenschaftliche und kritische Unternehmen nicht zuerst das Verlangen ist, die Natur zu beherrschen, sondern der Anspruch, das Maß Gottes zu sein, der leidenschaftliche Wunsch, Gott das zu nennen, was man an Bestem in sich selbst findet und gestaltet.

Die »Wissenschaft« hat in dem Maße, wie sie das »kartesianische« Erbe antritt, die Menschen langsam, aber sicher dazu gebracht, die Wahrheit im Äußerlichen, also in der Entfremdung zu suchen. Sie hat neue Götter ersonnen. Spinoza und Bayle führen uns (in vollständiger Übereinstimmung mit Newton, wie wir sehen werden) an die schwierige Idee der Autonomie heran: Die Wahrheit befindet sich *in uns*, wird also in uns geschaffen – einschließlich vor allem jener Wahrheit, die wir in einen materiellen oder geistigen Himmel hineinzuprojizieren geneigt sind. Voltaire, dieser geniale Verbreiter kostbarsten Gedankenguts, wird den berühmten Satz äußern, dessen Tragweite unermeßlich ist: »Wenn Gott nicht in uns ist, so hat er nie existiert.«[10]

10 Vgl. Voltaire, *Mélanges*, La Pléiade, Gallimard, S. 263.

VIII

Die Krise des europäischen Bewußtseins

Bevor wir auf das Problem der »Wissenschaft« und unserer Beziehung zur Außenwelt zurückkommen, müssen wir also nachvollziehen, wie sich in der Moderne die Entscheidung für die Autonomie, für die *kritische Haltung* herausbildete.

Deshalb müssen wir über Spinoza sprechen, der die moderne Kritik, die Voraussetzung jeder Wissenschaft, begründet hat. Die Kritik? Sie ist für den Menschen nichts anderes als die Kühnheit, sich sein Gut wieder anzueignen und jene Wahrheiten erneut in seinen Verantwortungsbereich und in seine Innerlichkeit einzuführen, die er selbst am Himmel der Außenwelt zur Schau gestellt hatte. Wobei es allerdings Wahrheiten sind, die stets von Menschen ausgesprochen wurden. Und dennoch versichern die Menschen, daß jene Wahrheiten auf von Blitzen umzuckten Gipfeln verkündet wurden. Sie glauben, ihnen so größere Kraft zu verleihen (und schreiben *G*ott, *N*atur und *G*esetz mit heiligenden Großbuchstaben).

Daher ist der Beginn jeder Kritik definitionsgemäß die Kritik jener Texte, die sich angeblich der Kritik entziehen: der *heiligen* Texte. Wobei es nicht darum geht, jede Transzendenz aufzuheben. Es geht lediglich darum, unsere Verantwortung für die Formulierung der Gott zugeschriebenen Worte anzuerkennen. Damit behauptet man nicht, daß »Gott nicht existiert«. Man bekundet lediglich, dem berühmten Satz Voltaires zufolge, daß er »in uns« ist – daß er das Beste des Menschen ist. Die Bibelkritik (in der christlichen Welt) und die Korankritik in der islamischen Welt sind also das Alpha, wenn nicht sogar das Omega jeder zukünftigen Autonomie oder werden es sein. Und *diese Kritiken sind bereits die ganze Wissenschaft*, die wahre: Um in unserem Geist den Ursprung und die menschliche Bestimmung des als »wissenschaftlich« bezeichneten Wortes wiederzufinden, muß man in ihm zunächst den Ursprung des heiligen Wortes wiederfinden.

Durch die Kritik jeder *Schrift* wird man es vermeiden, dem wissenschaftlichen Wort einen sakralen Charakter zu verleihen – jedoch gilt dies auch für das politische Wort. Wenn man es wagt, das Sakrale anzugreifen, so wagt man es ebenfalls, die ganz irdischen Mächte anzugreifen, die sich wie zufällig auf göttliche Ratschlüsse berufen. Kurz, die Kritik des Heiligen (ein Unternehmen, das um eines reineren, würdigeren, wahrhaftigeren Heiligen willen und nicht aus Freude an der Blasphemie ausgeführt wird) ist in allen Denkbereichen der notwendige erste Schritt jeder Selbstaneignung. Sie ist das einzige Mittel, unsere freiwilligen Abhängigkeiten abzuschütteln.

Hier liegt uns nun ein Werk von vollkommener, zuverlässiger und sanfter Klarheit vor, die sich mit jener vergleichen läßt, die auf Vermeers Gemälden herrscht; ein Werk, das man in den Schulen, vor allem in den Schulen, studieren müßte: der 1670 veröffentlichte *Theologisch-politische Traktat* Spinozas. Wenn man es wagen wollte, den wesentlichen Sinn dieser ruhevollen und aufrüttelnden Seiten zusammenzufassen, so könnte man einfach sagen: *Jede Wahrheit ist uns eigen, weil sie aus Worten besteht und weil das Wort menschlich ist.* Wie ein Wort auch immer beschaffen sein mag, selbst wenn es »offenbart« wäre, es kann sich nicht selbst für göttlich erklären, denn die Offenbarung wird ja von Menschen und mit menschlichen Worten geäußert. »Das [...] geht auch daraus hervor, daß die meisten den Grundsatz aufstellen, (gewissermaßen als Schlüssel zu deren Verständnis und Ermittelung ihres wahren Sinnes,) die Bibel sei an allen

Stellen wahrhaft und göttlich. Also das, was erst aus dem Verständnis und der strengen Untersuchung der Bibel sich ergeben kann [...].«[1] Eine ganz einfache Feststellung, die aber Spinozas Zeitgenossen so sehr erregt hat, daß sie wütend und verängstigt den Satanismus des Verfassers brandmarkten.[2]

Spinozas Worte sind so neuartig, sie entsprechen so wenig dem 17. Jahrhundert, daß noch heute ausgezeichnete Historiker über ihre Existenz hinweggehen.[3] »Diejenigen, welche die Bibel, so wie sie ist, als einen Brief ansehen, welchen Gott den Menschen vom Himmel gesendet hat, werden ohne Zweifel schreien, ich hätte eine Sünde gegen den heiligen Geist begangen, weil ich nämlich behauptet habe, daß die Bibel Fehler, Verstümmelungen, Fälschungen und

1 Spinoza, *Der Theologisch-politische Traktat*, Leipzig, Philipp Reclam jun., 1947, S. 14. – Im lateinischen Original heißt es: *Quod hinc etiam patet, quod plerique tamquam fundamentum supponunt (ad eandem scilicet intelligendum, ejusque verum sensum eruendum), ipsam ubique veracem et divinam esse; id nempe ipsam, quod ex ejusdem intellectione et severo examine demum deberet constare.* (Dies sind also jene Worte, die die Welt erschüttert haben, und das in der Sprache derjenigen, die diese Welt so viele Jahrhunderte lang in ihrem Zustand erhalten wollten. Vgl. Benedicti de Spinoza, *Opera quotquot reperta sunt*, hg. von J. van Vloten und J. P. N. Land, Bd. II, Den Haag, [3]1914, S. 89.)

2 Nicht nur im 17. Jahrhundert, sondern auch in allen späteren Zeiten und selbst in unseren Tagen hat Spinoza Zorn und Empörung hervorgerufen. Man lese die aggressive Kritik, die Shmuel Trigano an ihm übt in: *La demeure oubliée*, Coll. Tel, Gallimard, 1994; insb. S. 241-248. Dieser Autor reagiert derart heftig, als lebte sein Gegner noch. Aber das stimmt ja auch, er lebt noch.

3 In seinem (im übrigen bemerkenswerten) Werk *Naissance de Dieu* bestimmt Jean Bottéro das Jahr 1872 als den Zeitpunkt, zu dem die Bibel »ihr seit unvordenklichen Zeiten bestehendes Vorrecht verliert«, das Wort Gottes zu sein. 1872, das heißt *zwei Jahrhunderte* nach dem *Tractatus* (vgl. *Naissance de Dieu*, Gallimard, Coll. Folio, 1992, S. 28). In einen derartigen Fehler verfällt Paul Hazard nicht, der bekanntlich das Werk Spinozas begeistert kommentiert hat. Vgl. *La crise de la conscience européenne* (zuerst Paris, Boivin, 1946), Fayard, 1961, insb. S. 127-129 (deutsch: *Die Krise des europäischen Geistes*, übersetzt von Harriet Wegener, Hamburg, Hoffmann und Campe, 1948).

Widersprüche enthalte [...]. Ich [...] fürchte [...], daß diejenigen [...] die Religion in Aberglauben verkehren, ja daß sie auf dem Wege sind, Zeichen und Bilder, nämlich Papier und Tinte, statt Gottes Wort zu verehren.«[4] Das mindeste, was man hierüber sagen kann, ist, daß mitten im 17. Jahrhundert »Spinoza tatsächlich die kritische, historische und rationale Methode der Exegese begründet«.[5] Es läßt sich hinzufügen, daß er der modernen Hermeneutik den Weg ebnet, und noch einiges mehr. So beschreibt er etwa mit Formulierungen, die geradewegs Nietzsche vorwegnehmen, welchen Einfluß die Gemütsart der Propheten auf den Geist ihrer Prophezeiungen ausübte[6] – mit anderen Worten: Er kennzeichnet das Menschliche, Allzumenschliche des vorgeblichen Wortes Gottes.[7] Doch was bewegt Spinoza zu diesem Vorgehen? Warum nimmt er eine derar-

4 *Der Theologisch-politische Traktat*, a. a. O., S. 234f. – Vgl. *Opera*, a. a. O., S. 230f.: *Qui Biblia, ut ut sunt, tanquam Epistolam Dei e cœlo hominibus missam considerant, clamabunt sine dubio, me peccatum in Spiritum sanctum commisisse; qui scilicet Dei verbum mendosum, truncatum, adulteratum [...] statuerim [...]. Verum ego contra vereor, ne [...] religionem in superstitionem convertant; immo ne simulacra et imagines, hoc est chartam et atramentum, pro Dei Verbo adorare incipiant.*

5 Dieser Kommentar stammt von Robert Misrahi. Vgl. Spinoza, *Œuvres complètes*, La Pléiade, Gallimard, S. 1463f. (Anm. zu S. 713).

6 »[...] werde ich zeigen, daß die verschiedenen Prophezeiungen von einander abweichen, nicht bloß bezüglich der Einbildungskraft und Gemütsart der einzelnen Propheten, sondern auch in Bezug auf die Ansichten, von welchen sie erfüllt waren [...].« (*Der Theologisch-politische Traktat*, a. a. O., S. 42.) – *Sic etiam ipsa revelatio variabat, ut jam diximus, in unoquoque Propheta pro dispositione temperamenti corporis, imaginationis, et pro ratione opinionum, quas antea amplexus fuerat.* (*Opera*, a. a. O., S. 110.)

7 Ein weiterer Text, der wunderbar befreiend und »modern« wirkt: »Heilig und göttlich wird ein Gegenstand genannt, welcher zur Übung der Frömmigkeit und Religion bestimmt ist, und nur so lange ist derselbe heilig, als er von den Menschen zu diesem Zweck gewissenhaft benutzt wird.« (*Der Theologisch-politische Traktat*, a. a. O., S. 236.) – *Id sacrum et divinum vocatur, quod pietati et religioni exercendae destinatum est; et tamdiu tantum sacrum erit, quamdiu homines eo religiose utuntur.* (*Opera*, a. a. O., S. 231.)

tige Auslegung der Heiligen Schrift vor, die hellsichtig deren Grundlagen zerstört?

Spinozas Absicht ist ganz einfach, *Freiheit* zu erreichen und für uns erreichbar zu machen. Uns zu zeigen, daß die Heiligkeit des *Wortes* die Attrappe einer Würde ist, die uns gerade das Wort entziehen soll. Du sollst nicht zweifeln, denn das ist heilig. Spinoza erklärt nun in aller Ruhe, daß der Urheber eines solchen »Wortes« kein Gott ist, der einen Brief vom Himmel *(epistolam e cœlo)* sendet, sondern daß es sich um einen Menschen oder mehrere Menschen handelt, die sich von ihrer eigenen Herrschaftsstrategie mehr oder weniger bewußt täuschen lassen. Jedenfalls handelt es sich um die Gestalter der vollkommensten freiwilligen Abhängigkeit, die sich die Menschheit selbst auferlegen kann, denn in der Tat ist der höchste, übermenschliche Tyrann jener, der als einziger *per definitionem* nicht von Menschen gestürzt werden kann: Sie sind es ja, die ihn ersonnen haben.

Denken wir an das heutige Wiedererstarken der verschiedenen religiösen Fundamentalismen, und prüfen wir, ob Spinozas Denken nicht aktueller ist als je zuvor: Den Ausgangspunkt bildete die kritische Bibelauslegung mit den Methoden der Vernunft. Und am Ende gelangt man zum Lob der demokratischen Freiheit. Es wirkt ergreifend, bei Spinoza die erste Formulierung von Ideen zu finden, von denen wir heute allzuleicht glauben, daß sie sich von selbst verstehen, während sie ungeheure und schwindelerregende Kämpfe erfordert haben. Nun verlieren diese Ideen aber jede Kraft, sobald sie nicht mehr von Autonomiestreben und Freiheitswillen beherrscht werden. *Die kritische Untersuchung der Welt* (so kann man die Wissenschaft nennen) hätte keinen Sinn, wenn sie nicht im Namen des sittlichen Bewußtseins und in der Hoffnung auf dieses Bewußtsein vorgenommen würde: Denn der kritische (und demzufolge der wahre wissenschaftliche) Geist ist ja nichts anderes als das tätige Bewußtsein.

Spinoza deckt die Widersprüche mancher Bibelstellen auf[8], oder er greift die naiv anthropomorphe und kindische Vorstellung an, die sich die Menschen von Gott machen.[9] Gern würde man sagen, daß diese drei Jahrhunderte alten Beweisführungen endgültig seien. Doch wenn wir nicht an die Vernunft glauben, wenn wir nicht den Willen haben, uns unsere eigene Seele anzueignen, so wird nichts provisorischer sein als dieser endgültige Zustand: Die schlimmsten Widersprüche sind dann kein Grund der Zurückweisung. Und wenn wir keinen Sinn für unsere eigene Würde besitzen, werden wir nichts dagegen einzuwenden haben, die erhabenste vorstellbare Realität mit menschlichem Flitterkram herauszuputzen. Dann werden wir allen Ernstes behaupten, daß »Gott« sich auf die Seite einer bestimmten Nation, Volksgruppe oder Religion stelle. Und schließlich: Wenn wir nicht nach Autonomie verlangen, warum sollten wir uns dagegen verwahren, jenes wonnige Refugium des als heilig verehrten *Wortes* zu errichten, das uns vor den Stürmen des Zweifels schützt?

Der *Theologisch-politische Traktat* bezeugt dies auf vortreffliche Weise: Der Anspruch auf Freiheit, der Anspruch auf Würde und der Anspruch auf Rationalität sind vonein-

8 So etwa wird Moses schwerlich der Autor eines Buches sein, das dessen eigenen Tod erzählt (vgl. *Der Theologisch-politische Traktat*, a. a. O., S. 176-177; *Opera*, a. a. O., S. 194).

9 »[...] wie gewöhnlich das Volk, das sich [...] Gott als körperlich vorstellt, wie einen königlichen Machthaber, dessen Thron auf der Himmelswölbung gedacht wird, über den Sternen [...].« (*Der Theologisch-politische Traktat*, a. a. O., S. 134.) – *Ut vulgus solet, quod ideo Deum corporeum, et imperium regium tenentem, imaginatur, cujus solium in convexitate cœli supra stellas esse fingit [...].* (*Opera*, a. a. O., S. 167.) Man kann derartige Stellen mit dem berühmten Anhang zum sechsunddreißigsten Lehrsatz des ersten Teils der *Ethik* vergleichen (siehe Baruch Spinoza, *Ethik*, aus dem Lateinischen von Jakob Stern, Leipzig, Verlag Philipp Reclam jun., 1982, S. 64ff.).

ander nicht zu trennen. Die Vernunft ist also weitaus mehr als Vernunft. Der Fortschritt der (in diesem Fall philologischen) Wissenschaft weist in keine andere Richtung als der Fortschritt des sittlichen Bewußtseins.[10] Und die Kritik ist weitaus mehr als Kritik: Sie ist die praktische Anwendung und der gute Gebrauch der Autonomie, die Übertragung unserer erhabensten Gedanken auf die Gottesidee selbst. In unseren wirklichen Taten und Gedanken ist Gott immer nur das, was wir von ihm sagen, denn nur wir allein reden und handeln, selbst wenn es im Namen Gottes geschieht. »Kritisch« zu sein heißt, sich seiner Verantwortung zu stellen.

Außer Spinoza muß man noch einen weiteren Gründervater nennen: Pierre Bayle, der gewiß hinter dem Weisen von Amsterdam zurücksteht, was das eigentliche philosophische Genie betrifft, der indes nicht weniger leidenschaftlich als er Toleranz und Wissenschaft – was ein und dasselbe bedeutet – verteidigte. Im übrigen weiß man, daß Bayle sich ständig mit Spinoza beschäftigt hat.[11]

Pierre Bayle, ein Protestant, der von allen verfolgt wurde, selbst von seinen Glaubensbrüdern (noch ein Umstand, der ihn Spinoza nahebringt), veröffentlicht 1686, kurz nach der Aufhebung des Edikts von Nantes, unter

10 Léon Brunschvicg stellt fest, daß »die Interpretation der sittlichen Wirklichkeit der Interpretation der wissenschaftlichen Kenntnisse voraus war und sich weitaus mehr der Auffassung annäherte, die wir heute vom geistigen Fortschritt haben« (vgl. *Le progrès de la conscience dans la philosophie occidentale*, Alcan, 1927, Bd. II, S. 720).

11 Vgl. z. B. Léon Brunschvicg, ebd., Bd. I, S. 230-231; sowie S. 230, Anm. 2, die bestätigt, daß Bayle ein überaus aufmerksamer Leser des *Tractatus* war. Jaspers beschuldigt Bayle, daß er »Spinozas Bild für lange Zeit wirksam entstellte«. Damit ist jedoch nicht widerlegt – das genaue Gegenteil trifft zu –, daß die beiden Männer in der Frage, die uns hier interessiert, einander sehr nahestanden. (Vgl. Karl Jaspers, *Die großen Philosophen*, Band 1, München, Piper, 1957, S. 896.)

einem Decknamen sein Werk *De la tolérance*, worin er alles daransetzt zu beweisen, daß die Bibel nicht zu Verfolgungen aufgerufen haben könne; wenn der *buchstäbliche* Sinn eines bestimmten Jesuswortes (in diesem Fall der Formel: »Nötige sie hereinzukommen«[12]) dem zu widersprechen scheine, dürften wir diesen Satz *folglich* nicht wörtlich auffassen.

Für jene, die heute meinen, die Bibel sei ein Text wie alle anderen, mag diese ganze außerordentliche Bemühung um eine leidenschaftliche und intensive Exegese recht naiv und durchaus überflüssig scheinen: Genügt es uns nicht, wenn wir wissen, daß Verfolgungen schlecht sind, *weil das unser Gewissen dies so empfindet*, ohne daß wir die entsprechenden Beweise in der Bibel suchen, oder vielmehr, ohne daß wir uns bemühen, in der Heiligen Schrift keine Gegenbeweise zu finden? Sicher. Wenn aber heute viele von uns besonnen und skeptisch mit den Schultern zucken können, so gerade deshalb, weil wir auf anderen Schultern stehen, denen jener Geistesriesen, die Bayle und Spinoza heißen. Gerade deshalb, weil wir ganz selbstverständlich, allzu selbstverständlich überzeugt sind, daß Gott nicht schlechter sein kann als unser höchster Anspruch. Als aber Bayle kämpfte und wetterte, waren die Verhältnisse völlig andere: Man mußte diese Autonomie (von der die aufgeklärtesten Christen sagen werden, sie sei ein Geschenk des Christentums) erst erringen, und zwar in einer Auseinandersetzung, die, wenn nicht gegen die christliche Religion, so doch zumindest gegen das heteronome, als heilig verehrte *Wort*, gegen den Gott der Äußerlichkeit gerichtet war.

Und vielleicht findet bei Bayle die Entschlossenheit des Menschen, die Autonomie zu ergreifen und ein mit Wissen-

12 Lukas 14,23 (A. d. Ü.).

schaft gewappnetes Gewissen zur moralischen Grundlage zu wählen, ihren unmittelbarsten, leidenschaftlichsten und wortgewaltigsten Ausdruck (Spinoza ist von ihr so seelenruhig überzeugt, daß er sich damit zufriedengibt, sie als selbstverständlich vorauszusetzen). Bayle kritisiert die buchstäbliche Bibelauslegung nicht aus lediglich philologischen Gründen oder weil er in ihr logische Widersprüche aufdeckt, sondern weil er *das Gewissen zum Richter über jedes als heilig verehrte Wort* macht. Zuvor war das als heilig verehrte *Wort* der Prüfstein des Guten. Nunmehr verhält es sich umgekehrt. Früher verkündete man: Das ist falsch, weil die Bibel es mißbilligt. Nunmehr ruft man gemeinsam mit Bayle aus: Was die Bibel sagt, ist falsch, wenn es dem Guten zwangsläufig widerspricht.[13] Aus Kindern werden Leute ...

Zweifellos hatten Bayle und selbst Spinoza bereits in der Renaissance große Vorläufer[14], vor allem Erasmus mit seiner 1524 – also über ein Jahrhundert früher – erschienenen *Abhandlung über die Willensfreiheit (Diatribe sive Collatio*

13 Vgl. Pierre Bayle, *De la tolérance, commentaire philosophique*, Coll. Agora, Presses Pocket, 1992. Gewiß scheint ein Text wie etwa die »Aufklärung über die Pyrrhoniker« den Ansprüchen einer derartigen Behauptung bei weitem nicht gerecht zu werden, da er die »Unbegreiflichkeit« des Glaubens den eindeutigen Tatsachen der Vernunft entgegenstellt (vgl. Bayles *Dictionnaire historique et critique* [1695-1697; deutsch u. d. T.: »Peter Baylens Historisches und Critisches Wörterbuch«, hg. u. übersetzt von Johann Christoph Gottsched, 1741-1744], Genf, Slatkine, 1969, Nachdruck der Pariser Ausgabe von 1820-1824, Band XV, S. 317a). Als Bayle den Pyrrhonismus behandelt, stellt er jedoch Vernunft und Offenbarung gegenüber. Im Traktat über die Toleranz geht es um etwas anderes: daß er nicht so sehr dem Geist als vielmehr dem Bewußtsein zum Sieg über den Buchstaben verhelfen will.

14 Siehe zu dieser Frage: J. Lagrée, *La raison ardente, religion naturelle et raison au XVIIe siècle*, Vrin, 1991, insb. Kap. V, S. 123-156. Vgl. auch Ernst Cassirer, *La philosophie des Lumières*, übers. von P. Quillet, Coll. Agora, Presses Pocket, 1988, S. 253 (Original: *Die Philosophie der Aufklärung*, Tübingen, Mohr, 1932).

de libero arbitrio).[15] Erasmus geißelte vor Spinoza den Anthropomorphismus des biblischen Gottes, und er wagte es, die Vermutung zu äußern, daß »die Heilige Schrift« zuweilen »auf menschliche Weise [...] spricht«.[16] Allerdings blieb er dennoch dabei, daß das Evangelium der Prüfstein des Gewissens sei.

Das folgende Jahrhundert geht entschieden weiter. »Es gibt nichts Lächerlicheres, als wenn man bei seinen Schlußfolgerungen stets das voraussetzt, worum es gerade geht«, ruft Bayle aus.[17] Im Klartext: Nichts ist lächerlicher, als wenn man zum Beweis für das *Wort* die Tatsache anführt, daß es das *Wort* sei. Wenn man dieses lächerliche Argument bekämpfen, also gegen das Autoritätsprinzip auftreten muß, dann nicht aus Freude an der Blasphemie oder der willkürlichen Revolte, sondern im Namen des Wahren und des Guten, die nicht voneinander zu trennen sind: »Anstatt zu sagen, *diese Folgen sind wahr, weil sie sich aus einem Prinzip ergeben, das wahr ist*, sagt man, *dieses Prinzip ist falsch, weil sich aus ihm Folgen ergeben, die falsch sind.*«[18] Doch das Falsche, worum es hier geht, ist kein einfacher Denkfehler, vielmehr handelt es sich um Gewalttaten und Verfolgungen, um die Dragonaden und andere Zwangsbekehrungen. Der Fehler ist hier ein Verbrechen. Die blinde

15 Die Autonomie des sittlichen Bewußtseins ist ansatzweise in solchen Sätzen wie dem folgenden vorgebildet, der sich direkt gegen Luther wendet: »Man sagt: Wodurch ist die Kenntnis der Philosophie nützlich für die Kenntnis der Heiligen Schrift? Ich antworte: Wodurch ist es die Unkenntnis?« (Vgl. Erasmus, *Éloge de la folie, Adages, Colloques, Réflexions sur l'art, l'éducation, la religion, la guerre, la philosophie, Correspondance*, Coll. Bouquins, Laffont, 1992, S. 709.)

16 Ebd., S. 725, sowie S. 706, Anm. 6, wo daran erinnert wird, daß Erasmus die Lehre der *Accomodatio* von Origenes übernimmt: Gott rede in einer Sprache, welche die Menschen verstehen können. Spinoza fügt lediglich hinzu, daß die Menschen nunmehr eine Sprache verstünden, die gebildeter als früher sei...

17 Vgl. *De la tolérance*, a. a. O., S. 57.

18 Ebd., S. 93 (Hervorhebungen von Bayle).

Achtung des Autoritätsprinzips verhöhnt gerade den Anspruch des sittlichen Bewußtseins, das nichts anderes als Gott ist und das, um es kurz auszudrücken, sich die Idee, die wir uns von Gott machen, unterordnet und unterordnen muß: »Hieraus schließe ich, daß es das gleiche ist, wenn man sagt: *Mein Gewissen urteilt, daß eine bestimmte Handlung gut oder schlecht ist*, und wenn man sagt: *Mein Gewissen urteilt, daß Gott eine bestimmte Handlung gefällt oder mißfällt.*«[19] Erasmus wäre wohl vor einer derartigen Kühnheit zurückgeschreckt.

Der große Verfechter der Autonomie ist, in der Moderne, in unseren Augen Voltaire. Aber Voltaire hat Bayle so viel zu verdanken! Wenn er über den Menschen schreibt, daß »sein Richter in seinem Herzen ist«[20], oder wenn er im *Essai sur les mœurs* sagt: »Unsere schwache Urteilskraft kann keine andere Weisheit, keine andere Gerechtigkeit, keine andere Güte Gottes begreifen als die, deren Idee wir besitzen«[21], so gibt er mit inbrünstiger Treue den Inhalt des Bayleschen Traktats wieder. Voltaire hat Spinoza kaum weniger zu verdanken. Eine Formel wie »die Religion, das heißt die Tugendliebe«[22] ist eine vollkommene Nachgestaltung des *Tractatus*.

Durch seinen glanzvollen Stil konnte Voltaire den Gedanken, die er weitergab, eine außerordentliche Macht verleihen. Durch ihn ist die Vorstellung in das kollektive Bewußtsein gelangt, daß Gott nicht Mord, Blut und Gewalt verlangen kann. Bayle hat gezeigt, daß die Dragonaden unseres Gottesbegriffs unwürdig waren. Voltaire hat aus der Affäre Calas das allgemeingültige Symbol eines Justizirrtums gemacht. Und wenn man bedenkt, daß Beccaria von

19 Ebd., S. 283.
20 »Poème sur la loi naturelle«, in: *Mélanges*, S. 277.
21 Vgl. Voltaire, *Essai sur les mœurs*, Éditions Garnier, 1878, S. 104.
22 In: *Mélanges*, S. 1079.

den Stellungnahmen Voltaires tief geprägt war, kann man sagen, daß die Humanisierung des modernen Strafrechts eine nahezu direkte Folge der einsamen Gedankenarbeit zweier Verfolgter namens Pierre Bayle und Baruch Spinoza ist... Alles hängt miteinander zusammen, ja. Alles hängt jedoch so eng miteinander zusammen, daß das gegenwärtige Vergessen solch kostbarer Wahrheiten zur Dehumanisierung des Rechts, zu seinem Versagen gegenüber der Gewalt führen muß.

Voltaire kommt außerdem das große Verdienst zu, die tiefe Verwandtschaft (eigentlich müßte man sagen: die Identität) der *wissenschaftlichen* und der sittlichen Wahrheiten hervorgehoben zu haben, indem er etwa ganz einfach schrieb: »In welchem Alter lernen wir das Gerechte und das Ungerechte kennen? Es ist das Alter, in dem wir Kenntnis erhalten, daß zwei und zwei gleich vier sind«[23], oder auch, im Gewand einer Ermahnung: »Wir haben sechzig Jahre gebraucht, um uns das anzueignen, was Newton bewiesen hatte. [...] wann werden wir damit anfangen, die wahren Prinzipien der Menschlichkeit zu praktizieren?«[24] Diese Parallelisierung geschieht nicht ohne Grund und ist keineswegs zufällig. Sie ist bezeichnend für einen Mann, der nicht nur ein großer Leser und Anhänger Bayles und Spinozas, sondern auch ein großer Verbreiter der Lehren Newtons war. Der richtige Zeitpunkt ist nun gekommen, um ein strahlendes Wunder zu offenbaren, das gar keines ist: Die Newtonsche, »wissenschaftlich« genannte Vernunft ist tatsächlich mit der Bayleschen, »sittlich« genannten Vernunft identisch. In dem Sinne identisch, daß sie von demselben Streben nach Freiheit, Wahrheit und Autonomie bestimmt wird. Ihr Blick auf die materielle und die geistige Welt ist derselbe. Ja mehr noch, dieser Blick ließ sich einige

23 »Le philosophe ignorant«, in: *Mélanges*, S. 899 und 900.
24 »Traité sur la tolérance«, in: *Mélanges*, S. 599.

Zeit von demselben physikalischen Objekt fesseln: einem Kometen, der damals allgemeines Gesprächsthema war. Aber ja: Der Halleysche Komet ließ Bayle die Autonomie des Bewußtseins entdecken – und Newton die Gravitationsgesetze.

IX
Ockhams Rasiermesser

Ein Haarstern taucht am Himmel auf. Als Antwort auf die abergläubischen Ängste, die er bei der Bevölkerung hervorruft, schreibt Pierre Bayle seine *Pensées diverses sur la comète*. Und nachdem Newton zu demselben rätselhaften Lichtschimmer emporgeblickt hat, veröffentlicht er seine *Principia mathematica*, die zum erstenmal die grundlegende Theorie der allgemeinen Gravitation formulieren.[1] Die ideelle Grundlage der *Principia* wurde also von der Erscheinung des Himmelskörpers und des feurigen Schweifs bestärkt und bestätigt, die auch Bayles Plädoyer für die Freiheit veranlaßte – die Erscheinung jenes Halleyschen Kometen, der vor kurzem zu uns zurückgekehrt ist, zu uns, den Menschen des vom Himmel eingeschüchterten ausgehenden 20. Jahrhunderts.

Ein und derselbe Komet für zwei einander so nahestehende Denkrichtungen! Stellen wir uns jene Männer vor, den leidenschaftlich für die Freiheit eintretenden Philosophen und den nicht weniger leidenschaftlich für die Erkenntnis eintretenden Gelehrten, wie sie in denselben Nächten zum Himmel, zu demselben Himmelsort emporblicken und alles vorausahnen, was dieser Komet der Menschheit zu sagen hatte, wie sie das (faszinierende und

1 Vgl. *Sir Isaac Newton's Mathematische Principien der Naturlehre*, hg. von J. Ph. Wolfers, Berlin, Verlag von Robert Oppenheim, 1872, S. 460. – Vgl. auch: Isaac Newton, *Philosophiae naturalis principia mathematica*, übersetzt von M.-F. Biarnais, Coll. Epistémè, Christian Bourgois, 1985, S. 110-111; sowie die Kommentare der Übersetzerin, S. 253-260. Man kann die angegebenen Daten mit denen vergleichen, die im Vorwort zu Pierre Bayles *Pensées diverses sur la comète* (Paris, Nizet, 1984, Bd. I, S. V-VIII) enthalten sind. Newtons Werk erschien erstmals 1687.

schwindelerregende) Ende des »Alten Bundes« vorausahnen. *Sie* hätten gewiß keine Angst gehabt, daß die Gestirne stillstehen oder daß der Mond herabstürzt und ihr Gesicht mit dem seinigen zerschmettert! Nun bietet uns aber ihr doppelter Diskurs, der von den Betrachtungen und Untersuchungen über dasselbe Gestirn inspiriert wird, mehr als eine bloße zeitliche Übereinstimmung, sondern eine gegenseitige geistige Annäherung, eine identische Weltsicht: Wissenschaft bedeutet in dem ihr eigenen Erkenntnisverlangen Entdeckung der Freiheit, und Newton führt zu Bayle, so wie Bayle andererseits Newton impliziert. Das ist noch zu zurückhaltend formuliert: Sie unterscheiden sich in nichts. Beide verstehen unsere Welt als *rational* und *vernünftig*. Keiner von beiden denkt daran, Fortschritt und Wissenschaft oder Fortschritt und Gewissen voneinander zu trennen.

Läßt sich das beweisen? Ohne daß der eine den anderen jemals gelesen oder konsultiert hat[2], greifen Isaac Newton und Pierre Bayle zu demselben Argument oder bedienen sich, besser gesagt, genau desselben Prinzips, wenn der eine begründen will, daß die irdischen Gesetze auch am Himmel gelten, und wenn der andere beweisen will, daß es Gottes »Weisheit, Gerechtigkeit und Heiligkeit« verbieten, in den Kometen unheilverheißende Vorzeichen zu sehen. Wissenschaft und Moral, Physik und Metaphysik wählen denselben erhellenden und befreienden Weg. Wissenschaft und

2 Man muß feststellen, daß Bayle auf den zehntausend Seiten seines *Dictionnaire historique et critique* Isaac Newton kaum erwähnt, obwohl dessen Gedanken über den Kometen den seinigen so nahe waren. Dem Theoretiker der Gravitation wird keine eigene Rubrik und nicht einmal eine Erwähnung in dem umfänglichen Inhaltsverzeichnis zugestanden. Dennoch wird der Begründer der modernen Physik im Artikel *Leucippe* durchaus angeführt und sogar diskutiert. Bayle rechnet ihn zu den »großen Mathematikern« (vgl. Bd. IX, S. 205 b), verteidigt indes die kartesianische Theorie des Raums gegen die »Anhänger der Lehre vom Vakuum«, zu denen der Autor der *Principia* gehöre (ebd., S. 205 a).

sittliches Bewußtsein sind untrennbar vereint. Ein ergreifender Moment, ein grundlegender Moment.

Newton sagt: »Als Ursachen zur Erklärung natürlicher Dinge sind nicht mehr zuzulassen, als wahr sind und zur Erklärung jener Erscheinungen ausreichen. Die Philosophen sagen: Die Natur tut nichts vergebens, und vergeblich ist dasjenige, was durch vieles geschieht und durch weniger ausgeführt werden kann. Die Natur ist nämlich einfach, und sie schwelgt nicht in überflüssigen Ursachen für die Dinge.«[3]

Und das sagt Bayle: »Wir lernen in den Schulen der Gottesgelehrten und Weltweisen, daß man weder die Dinge noch auch die Wunder ohne Not vervielfältigen soll. Dadurch geben sie uns das Recht, alle diejenigen angenommenen Meinungen zu verwerfen, welche keinen Nutzen haben, ob sie gleich nichts Böses nach sich ziehen. Nach diesem Grundsatz muß man niemals seine Zuflucht zu einem Wunderwerk nehmen, wenn sich Sachen natürlich erklären lassen. Man darf nicht annehmen, daß Gott beim Hervorbringen einer Wirkung auf eine ganz besondere Art dazwischengekommen sei, wenn diese Dazwischenkunft uns schlechterdings vergeblich oder wohl gar seiner Heiligkeit zuwider zu sein scheint.«[4]

Fontenelle wird beinahe zum gleichen Zeitpunkt (1686)

3 Vgl. *Mathematische Principien der Naturlehre*, a. a. O., S. 380. – Vgl. I. Newton, *Philosophiae naturalis principia mathematica*, a. a. O., S. 76.

4 Pierre Bayle, *Verschiedene einem Doktor der Sorbonne mitgeteilte Gedanken über den Kometen, der im Monat Dezember 1680 erschienen ist*, von Johann Christoph Gottsched herausgegebene Übersetzung von Johann Christoph Faber, Leipzig, Reclam, 1975, S. 460. – Vgl. *Pensées diverses sur la comète*, Bd. II, S. 221. Wahrscheinlich ist, daß Bayle dieses Prinzip bewußt geworden ist, als er die Werke Malebranches studierte, den er sehr bewunderte und der sich am entscheidenden Punkt seiner Beweisführungen ebenfalls auf dieses Prinzip beruft. Vgl. Nicolas Malebranche, *De la recherche de la vérité*, in: *Œuvres*, I, La Pléiade, Gallimard, S. 338: »Gott tut nichts vergebens und grundlos.«

dieses Prinzip der Einfachheit in seinem unnachahmlich eleganten und humorvollen Stil resümieren: »›Es könnte den Anschein erwecken‹, unterbrach mich die Marquise, ›daß Ihre Philosophie so etwas wie eine Auktion ist, bei der diejenigen, welche sich bereit erklären, die Dinge mit geringeren Kosten durchzuführen, die anderen überbieten.‹ ›Das ist wahr‹, sagte ich hierauf, ›und nur auf diesem Wege kann man den Plan erfassen, nach dem die Natur ihr Werk geschaffen hat. Sie geht außerordentlich sparsam mit ihren Mitteln um.‹«[5]

Der Philosoph, der Physiker und der Moralist berufen sich also auf ein und dasselbe *Ökonomieprinzip*. Im 20. Jahrhundert hat Bertrand Russell im *Ockhamschen Rasiermesser*, denn darum handelt es sich[6], vorbehaltlos »den Grundsatz« gesehen, »von dem jede wissenschaftliche Philosophie inspiriert wird«.[7] Die *Summa logicae* des mittelalterlichen Philosophen formuliert dieses denkökonomische Prinzip folgendermaßen: *frustra fit per plura quod potest fieri per pauciora*[8]: Es ist unnötig, viele Elemente anzunehmen, wenn eine geringere Zahl ausreicht.[9]

Das entspricht fast wörtlich der Formulierung Newtons in den *Principia*.[10] Im Grunde entstand das Ökonomieprin-

5 Bernard Le Bovier de Fontenelle, »Gespräche über die Vielzahl der Welten«, in: Fontenelle, *Philosophische Neuigkeiten für Leute von Welt und für Gelehrte*, Ausgewählte Schriften, übersetzt von Ulrich Kunzmann, Leipzig, Reclam, 1991, S. 26-27.

6 Vgl. W. M. Thornburn, »The myth of Occam's razor«, in: *Mind* 1918, S. 345-346.

7 Vgl. B. Russell, *La méthode scientifique en philosophie*, Petite Bibliothèque Payot, 1971, S. 119.

8 Vgl. Wilhelm von Ockham [Guilelmus de Ockam], *Somme de logique*, Erster Teil, Übers., Einl. und Anm. von J. Biard, Mauzevin, 1992, S. 48. Vgl. auch die Anm. 2 der S. 10.

9 Die kanonische Formel der Scholastiker ist: *entia non sunt multiplicanda praeter necessitatem*: »Die Seienden sollen nicht ohne Notwendigkeit vervielfacht werden.«

10 Hier das vollständige lateinische Original des Textes, dessen Überset-

zip sogar lange vor dem Mittelalter und der Scholastik.[11] Offensichtlich ist jedoch, daß das spätere *Ockhamsche Rasiermesser* seine ganze Bedeutung in der Frühaufklärung gewinnt, als Gott eine überflüssige Ursache für die Naturerscheinungen wird (bevor er sich im 18. Jahrhundert in die »unnötige Hypothese« Laplace' verwandelt). Und man versteht, warum Newton sich auf dieses Prinzip beruft oder ihm wenigstens eine neue Dimension gibt, indem er es aus dem philosophischen in den wissenschaftlichen Bereich überträgt: Eine Übertragung, die für den englischen Gelehrten kein Problem darstellte, weil die *Principia* den Anspruch erheben, eine Philosophie zu sein[12], und weil Newton vielleicht der letzte war, für den sich die Verbindung von wissenschaftlichem Denken und philosophischer Meditation von selbst verstand.

Ockhams Rasiermesser ist für den Vater der modernen Physik von großem methodischem Wert: Es ermöglicht ihm nichts Geringeres, als das Gravitationsprinzip auf die

zung ich weiter oben angeführt habe: *dicunt utique philosophi: natura nihil agit frustra, et frustra fit per plura quod fieri potest per pauciora* (zit. bei Thornburn, a. a. O., S. 349). Die Metapher vom Rasiermesser ist allerdings französischen Ursprungs: Condillac benutzt sie in seinem Essay *Origine des connaissances humaines* (1746; vgl. Thornburn, ebd.). Man hat seine bildhafte Formel ins Lateinische übertragen: *novaculum nominalium*, also »Rasiermesser der Nominalisten«, und danach ins Englische: *Occam's razor.* Wie dem auch sei, der *venerabilis inceptor* ist erst im 18. Jahrhundert zum Barbier geworden.

11 Sofern man allerdings davon ausgeht, daß Aristoteles es in seiner *Physik* – in einer Passage, die die begriffliche Ungenauigkeit des Anaxagoras anprangert – tatsächlich benutzt: »Es ist besser, (statt einer unendlichen) eine kleinere und bestimmt begrenzte Mannigfaltigkeit anzusetzen, wie es Empedokles tut.« (Aristoteles, *Physikvorlesung*, übersetzt von Hans Wagner, Berlin, Akademie-Verlag, 1967; Buch I, Kap. 4, S. 17.)

12 Das wird bereits in der Vorrede verkündet: »Wir aber, die wir nicht die Kunst, sondern die wir die Wissenschaft [d. h. die Philosophie] zu Rathe ziehen ...« (vgl. *Mathematische Principien der Naturlehre*, a. a. O., S. 2). Und Ockhams Rasiermesser (auf das auf S. 380 angespielt wird) gehört zu den »für das Philosophieren notwendigen Regeln«.

ganze Welt auszudehnen, also das Reich der Naturgesetze auf das gesamte erkennbare Universum auszuweiten. Tatsächlich ist eine auf Wundern beruhende Erklärung der Kometen *praeter necessitatem*. Wenn man nun aus Gründen der Ökonomie auf diese Himmelskörper dieselbe natürliche Ursache anwendet, die bereits das Verhalten der Planeten und anderer, irdischer Objekte bestimmt, so ermöglicht uns diese *Einfachheit*, *Allgemeingültigkeit* zu erreichen. Das Prinzip, daß es bei den Ursachen keine Redundanz geben darf, läßt sich auf jede Einzelerscheinung anwenden (wenn ein Apfel herabfällt, hat das nicht mehrere Gründe, weil nämlich ein einziger ausreicht, um dieses Phänomen vollständig zu erklären), doch genausogut auf die Zusammenfassung aller möglichen Erscheinungen (was für diesen Apfel gilt, muß auch für jeden anderen Apfel und im weiteren Sinne für jeden fernen Planeten und für diesen beängstigenden Kometen gelten, denn eine wirre Vielzahl von Ursachen oder Prinzipien verstößt gegen die Einfachheit einer Natur, die stets »außerordentliche Sparsamkeit« beweist).

Man wird es daher nicht erstaunlich finden, wenn man erfährt, daß das Prinzip des Ockhamschen Rasiermessers – unter der im übrigen barbarischen und umstrittenen Bezeichnung »Uniformitarismus« – hierauf von Charles Lyell, dem Begründer der modernen Geologie, als Argument gegen die *Kreationisten* seiner Zeit angeführt wurde. Die Erforschung der Erde zwingt ja tatsächlich dazu, was ihre Entstehung betrifft, Milliarden von Jahren in der Zeit zurückzuschreiten, sofern man natürlich nicht voraussetzt, daß die heute gültigen physikalischen Gesetze nicht mehr mit jenen übereinstimmen, die früher herrschten. Der »Uniformitarismus« bedeutet zunächst einmal, daß die Naturgesetze in Raum und Zeit konstant sind. Damit wird die kreationistische Phantasievorstellung verworfen, die im Interesse ihrer Sache weismachen möchte, daß sich die heutigen Gesetze von den früheren unterscheiden. Kurz, die Geologie beruft sich auf »das Prinzip der Einfachheit: daß man keine überflüssigen, unbekannten oder fabelhaften Ursachen erfindet [...], wo die unmittelbar zu beobachtenden Erscheinungen für sich selbst sprechen«.[13]

Um mich Bertrand Russell anzuschließen: Es gibt heute keine »wissenschaftliche Philosophie«, die sich nicht dieses Instruments bedient. Die gewissenhafte und leidenschaftliche Achtung eines solchen Prinzips bestimmt jedes wissenschaftliche Unternehmen, das dieses Namens würdig ist, wenn man einer persönlichen Erklärung Einsteins glauben darf – dessen Lieblingsphilosoph, woran wir erinnern möchten, Spinoza heißt: »Nach unserer bisherigen Erfahrung sind wir nämlich zum Vertrauen berechtigt, daß die Natur die Realisierung des mathematisch denkbar Einfachsten ist«[14], schreibt der Vater der Relativitätstheorie. Selbstverständlich ist die Einfachheit, auf die sich Einstein bezieht, nicht mehr ganz und gar dieselbe wie jene Newtons. Sie ist, wenn man so sagen darf, eine Einfachheit zweiten Grades: Im 20. Jahrhundert geht es nicht mehr darum (wenigstens läßt sich das hoffen), *tabula rasa* mit den übernatürlichen Ursachen der Erscheinungen zu machen, vielmehr handelt es sich heute lediglich um das Gewirr der Redundanzen innerhalb der Naturgesetze selbst. Allerdings gilt auch, daß die Einfachheit zweiten Grades jene des ersten Grades voraussetzt, die einen weitaus grundsätzlicheren Charakter hat. Die Einsteinsche Idee einer ihrem

13 Vgl. S. J. Gould, *Aux racines du temps*, S. 193. Ockhams Rasiermesser wird zwar nicht erwähnt, doch wir haben es auch hier und heute mit ihm zu tun...

14 Albert Einstein, *Mein Weltbild*, hg. von Carl Seelig, Frankfurt a. M./Berlin, Ullstein, 1993, S. 116f. Vgl. auch S. 118 und 144, wo das geduldige »Suchen« des Physikers »nach den logisch einfachsten Möglichkeiten« besprochen wird.

Wesen nach einfachen Realität geht sehr wohl von einer Geisteshaltung aus, die sich treu zu Newton bekennt.[15]

Ockhams Rasiermesser bleibt also offensichtlich ein grundlegendes Prinzip der Wissenschaft. Es ist die Wissenschaft selbst. Doch warum sollte es gleichermaßen ein philosophisches und moralisches Prinzip sein? Warum sollte uns dieses *Novaculum* die glattrasierte metaphysische Wahrheit der Dinge entdecken? Wenn es wirklich wahr ist (und die Erfahrung scheint es den Widerspenstigsten zu beweisen), daß die Gravitation für die Bewegungen aller Körper gilt, ist es dann trotzdem nicht ungerechtfertigt, das Ökonomieprinzip außerhalb der materiellen Welt anzuwenden? Es vom physikalischen Bereich auf den metaphysischen und von der Wissenschaft auf das Gewissen zu übertragen? Kurz, wenn Newton in seiner Welt recht hat, warum sollten dann auch Bayle und Spinoza in ihrer Welt recht haben?

Darf man zum Beispiel behaupten, daß die wissenschaftlichen Erklärungen des Universums, weil sie besser als die Genesis *tabula rasa* mit dem Gewirr der Ursachen machen, die Religion für immer ausrangieren? Genau das scheint jedoch Bayle anzudeuten (ganz zu schweigen von Spinoza, diesem Satan). Ein Beispiel: Um zu bekräftigen, daß es Vorzeichen (und folglich die Kometen-als-göttliche-Botschaften) gebe, stützte sich Jurieu, der große protestantische Widersacher Bayles, auf die Bibel und die Tradition. Bayle antwortete: »Man kann keine haltloseren Begründungen

15 Vgl. auch L. Verlet, *La malle de Newton*, Gallimard, Bibliothèque des Sciences humaines, 1993, S. 408-409. Dort erklärt er insb. im Hinblick auf Einstein, daß der Begriff der »Eleganz« einer Theorie mit jenem der Einfachheit verbunden ist. Nicht etwa, falls man das noch sagen muß, weil die heutigen Wissenschaftler in einen dubiosen Ästhetizismus verfallen wären, sondern weil einem wirklich grundlegenden Prinzip, das für den Bereich der Ethik und der Ontologie gilt, niemals der ästhetische Wert fehlt.

finden. Denn [die Kirche oder die Bibel] stehen Verfinsterungen und Kometen als Vorzeichen nicht skeptischer gegenüber als anderen Arten von Vorzeichen, und trotzdem bin ich ganz sicher, daß mein Widerpart nicht die Behauptung aufrechterhalten würde, die Verfinsterungen seien Vorzeichen für Gottes Züchtigungen, da sich nunmehr überdeutlich zeigt, daß sie auf natürliche Weise eintreten.«[16] Was ganz eindeutig heißt: Die Wissenschaft hat eine doppelte Erklärung für die Verfinsterungen ausgeschlossen. Da sie deren natürliche Entstehungsursache erkennt, hat sie *tabula rasa* mit den übernatürlichen Ursachen gemacht. Nun hat sich die Kirche wohlweislich zu diesem Prinzip der Einfachheit bekannt. Die Kirchenväter haben sich von Ockham den Bart scheren lassen. Lassen sie ihn sich etwa wieder wachsen, wenn es nicht mehr um Verfinsterungen, sondern um Kometen geht? *Entia non sunt multiplicanda praeter necessitatem*: Die Natur genügt. Also können Verfinsterungen und Kometen nicht außerdem das Ergebnis einer besonderen göttlichen Tat sein. Sagt man aber nicht, wenn man so argumentiert, sehr klar, daß die Religion vor der Wissenschaft zurückweicht und daß Ockham nach dem Bart der Kirchenväter unausbleiblich auch den Bart Gottes scheren wird?

Hier werden sich die Gläubigen von neuem empören: Warum sollte das Ökonomieprinzip auf das *Übernatürliche* anwendbar sein? Warum könnte man sich nicht zum Beispiel vorstellen, daß Gott *sich natürlicher Ursachen bedient*, um sich den Menschen mitzuteilen? Warum ließe sich nicht die Auffassung vertreten, daß die Kometen als Naturerscheinungen *auch* Vorzeichen und göttliche Botschaften sind? In diesem Fall mag zwar Newton berechtigt sein, im wissenschaftlichen Bereich als Barbier aufzutreten,

16 Vgl. P. Bayle, *Pensées diverses sur la comète*, Bd. I, S. 172, Ende der (auf S. 171 beginnenden) Anm. 1.

doch das gälte durchaus nicht für Bayle und Spinoza im moralischen und religiösen Bereich, wo nicht zu erkennen ist, warum unbedingt das Prinzip der Einfachheit anzuwenden wäre.

Warum? Weil Ockhams *Novaculum* nicht nur *tabula rasa* mit den Redundanzen macht. Es befreit uns auch von den *Scheinbildern*. Wenn die überflüssigen Ursachen »real« wären, wären sie nicht lediglich Pleonasmen. Sie wären nicht nur »unnötig« und beschwerlich und stünden im Widerspruch zu der »außerordentlichen Sparsamkeit«, die man mit vollem Recht der Natur zuerkennt. Etwas viel Schwerwiegenderes kommt hinzu: Ihre ontologische Redundanz würde irreführen; sie würde unseren Geist und unsere Seele lächerlich machen. Die natürlichen Ursachen, die man für wahr gehalten hat und deren Wirkungsweise man zufriedenstellend beschreiben kann, wären desto trügerischer, je besser wir ihren Sinn verstehen, desto unlauterer, je genauer sie durch unsere Experimente überprüft worden sind. Sie wären ein Schleier, sie wären falsches Sein. Kurz: sie wären *Lüge*.

Wenn schließlich den als ausreichend anerkannten natürlichen Ursachen still und heimlich andere Ursachen hinzugesellt werden, wie kann man sich dann des Eindrucks erwehren, daß Gott oder das Universum den Menschen verhöhnt und daß beide uns Erkenntnisse so zukommen lassen, als schenkte man uns Spielzeug? Im geduldigen Glauben, das Gebäude der Realitäten zu errichten, würden wir Hohlblöcke übereinandersetzen, die Gottvater an jedem Abend unseres Lebens mit einer ewig wiederkehrenden Handbewegung umstieße und in den Schrank seines Kosmos räumte. Wenn es sich so verhielte, könnten wir niemals, nie und nimmer, etwas Sinnvolles über irgendeinen Gegenstand aussagen: Sobald wir das Ockhamsche Rasiermesser mißachten oder vergessen, leben wir in der Welt des

Sophistes, wo der Schein an die Stelle des Seins tritt[17]: Das unwiderrufliche Eingeständnis einer Täuschung durch Gott oder das Universum oder auch unserer Selbsttäuschung.

Es war notwendig, diesen Punkt genau auszuführen, denn ich höre schon jetzt Protestrufe: Läßt sich das Unsagbare überall und immer auf ein Scheinbild reduzieren? Und die Intuition, der Glaube, die direkte Verbindung mit Gott, die mystische Verzückung des Geistes? Sollte das also nichts sein? Auf derartige Vorwürfe muß man antworten, daß die Vernunft – trotz der Spekulationen Stephen Hawkings[18] – gewiß nicht beabsichtigt, »Gottes Plan« zu erkennen, und daß es hier nicht darum geht, das »Unsagbare« zu leugnen. Man muß lediglich wissen, worüber man spricht (und was man verschweigt): Das Unsagbare kann nicht das *Gegenteil* des Sagbaren sein. Es ist stets nur dessen Horizont, Möglichkeit, Zukunft. Denen, die im Vorwärtsschreiten der Wissenschaft ein Zurückweichen der Religion sehen, kann man antworten, daß die Gottesidee ganz im Gegenteil und dank der Fortschritte der menschlichen Erkenntnis immer weiter die Idee des Erkennbaren selbst überlagert. Die Erforschung des Wirklichen ist eine Gott erwiesene Huldigung; sie ist die stets unvollendete, doch auch immer sinnvollere Bestimmung Gottes.

Im übrigen stellt sich heute nicht als erstes die erhabene Frage nach einem *deus absconditus*, sondern weitaus prosa-

17 Nicht ohne Grund hat Willard Quine, in ironischer Anspielung auf Ockhams Rasiermesser, in Zusammenhang mit dem Sein des Nichtseienden, wie es im *Sophistes* erscheint, von »Plato's beard« gesprochen. Jacques Bouveresse wird den Bart des heiligen Anselm und seines ontologischen Beweises hinzufügen (Vgl. J. Bouveresse, *La parole malheureuse*, Éd. de Minuit, 1971, S. 66 und Anm. 4, sowie S. 74).

18 Vgl. S. Hawking, *Eine kurze Geschichte der Zeit. Die Suche nach der Urkraft des Universums*, übersetzt von Hainer Kober unter fachl. Beratung von Berndt Schmidt, Reinbek bei Hamburg, Rowohlt, 1988, S. 218.

ischer das Problem einer stumpfsinnigen Ablehnung der Wissenschaft, die sich hinter den »Gewißheiten des Glaubens« verschanzt. Kurz, es geht um das doppelte Spiel der Kreationisten und anderer, die das Rasiermesser abstumpfen wollen: Obwohl sie sich auf das Unsagbare berufen, um die Wissenschaft zum Schweigen zu bringen und ihr vorzuführen, wie unwissend sie in bezug auf das Unaussprechliche sei, schildern und begreifen sie ihren Gott gleichwohl als eine ganz und gar sagbare, letzte Ursache, die lang und breit aufzubauschen sie keine Gelegenheit versäumen. Man muß sie mit ihren eigenen Waffen schlagen, indem man entgegnet: Alles, was ein Übermaß bedeutet (was über die Fülle des Erkennbaren hinausgeht), ist bedeutungslos.

Sobald man den Bereich des Sagbaren betritt – was man gewiß schon tut, wenn man den Mund aufmacht –, ist die Ablehnung des Ockhamschen Rasiermessers ein logischer Widerspruch, ein ethisches Ärgernis und eine ontologische Lüge. Was wir über die Welt *sagen* können, ist – heute wie gestern und morgen wie heute – verglichen mit dem Unsagbaren, Unaussprechlichen und Absoluten vielleicht unendlich wenig. Doch wenn wir es in aller Aufrichtigkeit sagen wollen, muß man zunächst der Welt, sich selbst und Gott treu bleiben.

»Gott tut keine Wunder. Sie sind nicht allein vergeblich, sondern laufen auch seiner *Aufrichtigkeit* zuwider«[19], schreibt Bayle. Und wenn Spinoza mit unerbittlicher Strenge beweist, daß Wunder weitaus *weniger* als natürliche Ursachen von Gott zeugen, wird er vom gleichen Geist beseelt. Um es ganz klar zu sagen: Wunder zeugen gegen Gott[20], weil sie das Feld der erkennbaren Wirklichkeit ver-

19 Vgl. *Pensées diverses sur la comète*, Bd. II, S. 225. Hervorhebung von mir. – Vgl. auch *Verschiedene einem Doktor der Sorbonne mitgeteilte Gedanken...*, a. a. O., S. 463.

20 Vgl. *Der Theologisch-politische Traktat*, a. a. O., das ganze sechste Kap.

lassen; nun ist aber Gott das Wirkliche schlechthin, das heißt – wie könnte man es leugnen – jenes, was unsere Erkenntnis mißt und was von unserer Erkenntnis gemessen wird. Diese Idee der Aufrichtigkeit Gottes (oder der Welt oder auch des Menschen) und ihrer wesenhaften »Erkennbarkeit«, eine Idee, die wie frisches Blut unter dem Ockhamschen Rasiermesser hervorspritzte, ist die Quelle allen menschlichen Denkens, ob es nun theistisch oder atheistisch ist.[21] Schließlich *haben die Menschen immer Gott und Welt das genannt, was erkennbar ist*, und die Idee eines phantomhaften Wesens, das eine Verdoppelung jenes Wesens ist, das sich unseren Sinnen und unserer Vernunft darbietet, das jedoch gleichzeitig wirklicher als das Wirkliche wäre, ist eine Idee, die sich aufhebt, sobald sie geäußert wird. Sie beschwört das Phantom eines notwendig unaufrichtigen Gottes, die absurde Möglichkeit einer Welt, die (im Namen welcher Macht, für welches Ziel?) den ursprünglichen Pakt verrät, den sie mit dem Gewissen schließt. Wenn sich das indes als absurd, als null und nichtig erweist, so deshalb, weil die Welt dieser ursprüngliche Pakt *ist*, weil es keine Welt außerhalb dieses ursprünglichen Paktes gibt.

21 In seinem faszinierenden Werk über *Les machines à penser* (Le Seuil, 1987) prangert Jacques Arsac das Ockhamsche Rasiermesser als Vorwand für alle szientistischen Irrmeinungen an. Dieses Instrument soll es angeblich ermöglichen, aus Gott und noch mehr aus dem Geist eine »unnötige Hypothese« zu machen. Aber Ockhams Rasiermesser beseitigt nur unseren Anspruch, im *Besitz* des Wahren zu sein. Es bekämpft also den rationalistischen Szientismus ebenso wie den irrationalistischen Szientismus.

X

Kein Sachverhalt...

Warum hat sich die Geisteshaltung Spinozas, Bayles und Newtons trotzdem nicht durchgesetzt? Warum wurde sie gestern von den Szientisten und Positivisten verworfen, noch bevor die heutigen Fundamentalisten sie bekämpft haben? Warum hat die Moderne sich lieber Descartes und Bacon als geistige Wegbereiter ausgewählt? Warum hat sie folglich so schnell vergessen, daß die Wissenschaft keine andere Grundvoraussetzung als das Gewissen hatte? Daß der Erforschung der Außenwelt kein anderes Motiv zugrunde lag als jenes, die Zeit zu verinnerlichen, unsere Autonomie zu verwirklichen und den Gott, nach dem unsere aufrichtige Suche verlangte, an den Himmel unseres eigenen Denkens zu versetzen? Warum haben wir folglich so schnell vergessen, daß unser Bemühen um die Wirklichkeit nur ein Streben nach Wahrheit war?

Als Grund für dieses Phänomen hat man am häufigsten angeführt, daß die *Wissenschaft*, als sie sich ihrer Potenzen immer sicherer wurde, fortan ihren eigenen Weg gegangen ist; daß sie als Erkenntnisinstrument bestehen und funktionieren konnte, ohne die *Gewissens*bindung an ihre Vernunftgründe und die Erinnerung an ihre Ursprünge zu bewahren. Doch es kommt nicht so sehr darauf an, daß die »Wissenschaft« eigenständig existiert hat; das Problem ist vielmehr, daß man glauben konnte, sie selbst sei ihr letzter Daseinsgrund. Und das geschah, weil der menschliche Geist etwas Wesentliches vergessen hatte: Die Autonomie ist niemals ein endgültig abgeschlossenes *Objekt*. Sie muß in jedem Augenblick, in jeder Generation wiedererrungen werden. Noch schwerwiegender ist: mit jedem Wort geht stets die Gefahr einher, daß es sich als *das Wort* einsetzen und den Gott der Äußerlichkeit neu erschaffen will. Und das wissenschaftliche Wort will das mehr als jedes andere. Das Subjekt der Suche (der Mensch) neigt stets dazu, sich selbst in das Objekt des Wissens, in einen Sklaven der Gewißheiten zu verwandeln, sogar und besonders wenn er selber der Urheber der betreffenden Gewißheiten ist. Nun läßt uns aber das Ockhamsche Rasiermesser nicht *die* objektive Wahrheit erreichen oder schaffen. Unsere Erkenntnis ist nicht der Gral, sondern nur das Schwert Parzivals. Die »Krise des europäischen Bewußtseins« wird nie ein Ende haben, denn das Bewußtsein ist Krise.

Das Bayle-Spinoza-Newton-Moment, dieses für das Denken entscheidende Moment, müßte ein nunmehr ständig gegenwärtiger *Moment* sein, doch man sah ihn bald als einen Moment der Vergangenheit, einen überwundenen Moment an, und man beging einen Fehler, unter dessen Folgen wir immer noch zu leiden haben: Man hielt die erreichten Erkenntnisfortschritte für abgeschlossen, man stellte sie am Himmel der Äußerlichkeit zur Schau. Daß man selbst den Gestus der Autonomie in die Vergangenheit verlegte oder unter die Trophäen der objektiven Wahrheiten einreihte, das war die schlimmste Begriffsverwirrung. Daß man sich auf den Lorbeeren eines in Wirklichkeit endlosen Erkenntnisfortschritts ausruhen wollte, darin bestand die tragische Trägheit der Moderne. Sogar von der Autonomie des Geistes machte man sich eine materialistische und fatalistische Vorstellung – welch ein Paradoxon!

Der Gipfel der Ironie: Man sprach gerade dann vom »Fortschritt« (ein Wort, das von den Enzyklopädisten selbst nur selten gebraucht wurde), als man vergaß, daß der Fortschritt aufhört, sobald er nicht mehr gewollt wird. Daß es keinen Fortschritt gibt, ohne daß das Bewußtsein in einer Nacht, die stets von neuen Kometen und neuen

Mysterien durchzogen wird, seine eigene Krise klar erkennt.

Denken wir an Condorcet, den trotz allem größten und erschütterndsten Philosophen des progressiven Bewußtseins, den als Märtyrer gestorbenen Autor des berühmten *Entwurfs einer historischen Darstellung der Fortschritte des menschlichen Geistes*. Condorcet kennt seine Wegbereiter: Er weiß, was er ihnen zu verdanken hat, und er ehrt Bayle, den er in das Pantheon derjenigen aufnimmt, deren »Devise war: *Vernunft*, *Toleranz*, *Menschlichkeit*«.[1] Doch seiner Ansicht nach sind diese Werte nunmehr zuverlässig begründet; Bayle bezeichne eine nicht rückgängig zu machende Etappe auf dem ruhmreichen, unendlichen und sicheren Weg des Fortschritts. Condorcets Illusion hat nicht so sehr darin bestanden, daß er von einer strahlenden Zukunft träumte, als vielmehr darin, daß er glaubte, die Entscheidung für die Autonomie sei unumkehrbar.

Condorcet führt den Glauben an den *nicht rückgängig zu machenden und endgültigen Fortschritt* ein: Wenn die Heteronomie nur vom Standpunkt der Autonomie aus existiert, wenn sie also nunmehr nur eine Lüge ist, die einige Menschen bewußt anderen Menschen aufgezwungen haben (die verabredete Tat einer Bande von pfiffigen Strolchen, die die Menschen weiter in Abhängigkeit hält), so genügt es, sich des Betrugs bewußt zu werden, um ein für allemal Klarheit zu gewinnen. Und diese Klarheit wird noch unbestreitbarer sein, falls das möglich ist, als die der Mathematik. Sie wird endgültig *objektiv* sein. Kann man sich denn vorstellen, daß die angeketteten Sklaven wieder nach ihren

1 Condorcet, *Entwurf einer historischen Darstellung der Fortschritte des menschlichen Geistes*, zweisprachige Ausg., hg. von Wilhelm Alff, dt. Übertr. von Wilhelm Alff in Zusammenarb. mit Hermann Schweppenhäuser, Frankfurt a. M., Europäische Verlagsanstalt, 1963, S. 277. (Bayle wird auf S. 275 erwähnt.)

Ketten verlangen, sobald sie einmal die Freiheit genossen haben? Wie wäre es zu begreifen, daß die Gefangenen in die Höhle zurückkehren, nachdem sie die Sonne gesehen haben?

Nun verhält es sich aber nicht so. Für die meisten Menschen kann die Heteronomie nicht vom Standpunkt der Autonomie aus und die Äußerlichkeit nicht vom Standpunkt der Innerlichkeit aus betrachtet werden. Notwendig sind ein langer Weg, eine lange Lehre, ein langes Wagnis, bevor man die Abhängigkeiten als freiwillig ansehen kann und muß. Heuchelei setzt die Kenntnis der Wahrheit voraus, und nicht der ist ein Heuchler, der es sein will. Außerdem und vor allem erkennt man die Wahrheit nicht so, wie man ein Objekt erfaßt. Der Gral wird niemals erreicht. Es kommt nie zur Erkenntnis der Wahrheit, es gibt immer nur das Verlangen nach Wahrhaftigkeit.

Die Autonomie ist nicht im mindesten angeboren oder tritt automatisch ein.[2] Sie ist eine erworbene Eigenschaft, und jeder weiß, daß sich solche Eigenschaften so gut wie nie vererben. Auch heute und wahrscheinlich für alle Zeiten ist kein *Kind* von vornherein autonom und kann auch nicht *das Gesetz* oder *das Wort* als ein entfremdetes und entfremdendes Produkt seines eigenen Bewußtseins ansehen. Nicht einmal als ein Produkt des zum Irrtum verleitenden Bewußtseins eines anderen. Ob man es will oder nicht, das *Gesetz* ist als erstes im Vater verkörpert, und man entdeckt nicht im Alter von sechs Monaten, daß er schwach ist und die Welt von Willkür beherrscht wird. Die Heteronomie ist ein obligatorisches Durchgangsstadium (und damit sie zu

2 Ein Mann wie Lessing war sich dessen durchaus bewußt. Im Gegensatz zu den meisten seiner Zeitgenossen meinte er, die Aufklärung sei keine »bewiesene Tatsache«, sondern ein »Werden«. Vgl. Paul Hazards klassisches Werk *La pensée européenne au XVIIIe siècle de Montesquieu à Lessing*, Fayard, 1963, S. 420.

einem Durchgangsstadium wird, muß man jedesmal aufs neue die Kraft und Entschlossenheit aufbringen, den Weg weiterzugehen). Aus historischer Sicht und im Gegensatz zu dem, was Condorcet annehmen mußte, sind die Religion und der Glaube an Gott nicht nur eine Entfremdung, die sich aus dem bewußten Komplott einiger weniger ergibt. In seinem *Mahomet* scheint auch Voltaire jeden religiösen Glauben als einen Betrug anzusehen. Im allgemeinen ist sich der Autor des *Candide* jedoch bewußt, daß der Kampf um Humanität dem großen Wagnis unterworfen ist, endlos zu sein. Gelegentlich macht er sogar seine Befürchtung explizit, daß die Aufklärung den Fanatismus nicht »vernichtet«, sondern nur »aufgehalten« hätte.[3]

Sicher ist jedenfalls, daß das Denken der Aufklärung, sobald es das menschliche Abenteuer als die fortschreitende Entdeckung einer objektiven, ewig gegenwärtigen und zuverlässigen Wahrheit beschreibt, unbewußt *eben die Heteronomie und die Rückkehr zur Äußerlichkeit der wissenschaftlichen Gesetze* vorbereitet.

Offenkundig verfestigt sich diese Tendenz mit dem Positivismus (Auguste Comte war ein aufmerksamer Leser Condorcets). Allein die Tatsache, daß er den »positiven Zustand« als »fest und endgültig«[4] ansieht, spricht in dieser Hinsicht für sich. Was fest und endgültig ist, hängt zwangsläufig nicht im mindesten vom menschlichen Willen ab. Es handelt sich also um einen objektiven, unantastbaren Zustand, eine ans Firmament geschriebene Wahrheit, eine Wahrheit, über die wir die Herrschaft gerade in dem Augenblick verlieren, da wir ihre absolute Gültigkeit verkünden. Wenn man diesen letztgültigen Zustand – *aere perennius* – entdecken will, bedeutet das nichts anderes, als daß man sich dem Über-Menschlichen oder Unmenschlichen

3 Vgl. Voltaire, *Essai sur les mœurs*, Garnier, 1878, S. 77, Anm.
4 Vgl. Comte, *Die Soziologie*, a. a. O., S. 2.

beugt, denn nichts Menschliches ist ja unantastbar. Indem der Positivismus das unveränderliche *Gesetz* einführt, führt er Gott wieder ein.

Comte bezeichnet die Suche nach den ersten Ursachen mit zwei im übrigen widersprüchlichen Adjektiven als »vollkommen vergeblich und sinnlos«[5]: Er bekundet somit seine Überzeugung, wie es auch ein moderner, von Lévi-Strauss verkörperter Neopositivismus tun wird, daß Wissenschaft auf jedes metaphysische Unternehmen verzichtet. Doch gerade hierdurch bekennt er seine Heteronomie: Er gibt der Welt unserer Unwissenheit eine positive Existenzgrundlage. Wenn die Welt, wie es uns Ockhams Rasiermesser nahelegt, ganz im Gegenteil das ist, was *wir* von ihr erkennen, kann folglich nichts fest und endgültig sein, und nichts kann sich auch als »vergeblich und sinnlos« erweisen. Comtes Irrtum verrät sich noch offenkundiger, wenn er die (von Condorcet inspirierte) Hoffnung äußert, nach der »organischen Physik« die »soziale Physik« zu begründen[6]: Geht es hier nicht darum, ein vom Menschen geschaffenes Instrument bei der Erforschung des Menschen einzusetzen, *als hätte es einen anderen Ursprung*, und den Menschen zum Objekt seiner eigenen Subjektivität zu machen?

Das gleiche gilt für den Comteschen *Utilitarismus*, der sich ebenfalls an Condorcet entzündet, allerdings auf Bacon zurückgeht.[7] Dieses schwärmerische Verlangen, sich die Naturgesetze zunutze zu machen, diese Verherrlichung ihrer Wirkungskraft lassen sich aus derselben Glaubensvorstellung erklären: Der Mensch hätte diese Gesetze angeblich so gewonnen, wie man die Sterne vom Himmel holen möchte oder wie man sich sein Werkzeug in einem Vorrats-

5 Vgl. A. Comte, *Cours de philosophie positive*, Nathan, 1989, S. 35. – Vgl. auch Comte, *Die Soziologie*, a. a. O., S. 5.
6 Vgl. *Cours de philosophie positive*, a. a. O., S. 28.
7 Vgl. ebd., S. 58f. – Vgl. auch *Die Soziologie*, S. 18f.

lager aussucht. Doch daher kommt es, daß die von uns auf diese Weise genutzten Naturgesetze nun uns zu einem Objekt machen, das von ihnen genutzt wird. Sie spielen genau die Rolle jener Autorität, die wir, wie wir geglaubt hatten, uns aneignen und Gott entziehen konnten. Eine vollständige Umkehrung der Verhältnisse: Der Positivismus, dessen Nachwirkungen wir noch heute feststellen, war die neue Lüge und die neue Heteronomie. Hieraus ergibt sich eine Heuchelei, die schlimmer als deren frühere Formen und schlimmer als in jener Zeit ist, da die Blutsauger und Tyrannen noch nicht unseren Bewußtseinsgrad erreicht hatten.

Wenn ich derart sprunghaft von den Naturgesetzen zu den menschlichen Gesetzen und von der Wissenschaft zur Politik übergehe, so deshalb, weil wieder einmal alles zusammenhängt, selbst wenn man sich dessen nicht bewußt ist: Die Menschen des 19. Jahrhunderts waren imstande, sich »wissenschaftlichen« Gesetzen zu beugen, die sie selber erfunden hatten, denn sehr bald entdeckten sie in der Wissenschaft ein Unterpfand, wie es einst Gott ganzen Generationen von despotischen Machthabern oder Unterdrückerklassen zur Verfügung gestellt hatte. Um Gewalt und Ungerechtigkeiten zu legitimieren, hat man nie etwas Wirkungsvolleres als den großen Anfangsbuchstaben des Absoluten entdeckt. So hat man die Sklaverei gerechtfertigt, indem man sich auf die *Naturgesetze* berief, genau aus dem gleichen Grund, mit dem man sich einige Jahrhunderte oder Jahrzehnte früher auf den Willen Gottes berufen hätte (man wird sich in diesem Zusammenhang an die erschrekkenden Hirngespinste des »Darwinisten« Ernst Haeckel erinnern, dessen würdige Nachfolge der berüchtigte Alexis Carrel angetreten hat).

Wer sollte nun wieder zum Ockhamschen Rasiermesser greifen, nachdem der Positivismus auf der ganzen Linie gesiegt hatte? Wer sollte das authentische Verlangen nach Erkenntnis, Autonomie und Wahrheit wiederentdecken und es den Normen der angeblichen Wissenschaft entgegenstellen? Zweifellos Nietzsche, der die Lüge unserer eigennützigen moralischen Überzeugungen anprangerte und der wie Spinoza das Menschliche, Allzumenschliche geißelte. Zweifellos auch Marx und Freud, die Ockhams Rasiermesser aufs neue schärfen konnten: Der Begriff des *falschen Bewußtseins* und jener des *Unbewußten* bezeichnen und definieren den am weitesten abgelegenen und am schwersten zugänglichen Teil jener Werkstatt, wo sich unsere überflüssigen Ursachen zusammenballen und die Verkleidungen unserer Interessen, die uns rechtfertigenden Trugbilder hergestellt werden. Freud und Marx haben nach Nietzsche das Rasiermesser dort angesetzt, wo unser Bart am dichtesten und widerstandsfähigsten ist: dort, wo sich unsere Motive am listigsten und hartnäckigsten verbergen.

Das von Spinoza formulierte Ökonomieprinzip sagte uns, daß jede als *göttlich* ausgegebene und persönlichen Interessen dienende Ursache überflüssig oder lügenhaft ist. Da nun die angeblichen Naturgesetze an die Stelle der Ratschlüsse Gottes getreten waren, haben Nietzsche, Freud und auch Marx die folgende grundsätzliche Variante in Vorschlag gebracht: Jede als *natürlich* ausgegebene Ursache, von der sich herausstellt, daß sie persönlichen Interessen dient, ist lügenhaft oder überflüssig. Umgekehrt dient keine wirklich natürliche (also vom menschlichen Willen unabhängige) Ursache von Tatsachen und Sachverhalten jemals persönlichen Interessen.

Noch anders ausgedrückt: Ich möchte, daß der folgende Lehrsatz an der Stirnseite aller Tempel und Präsidentenpaläste eingemeißelt wird: KEIN SACHVERHALT, DER AUF DER ERDE ANDAUERT UND DER PERSÖNLICHEN INTERESSEN DIENT, HAT EINE ANDERE URSACHE ALS

DIESE INTERESSEN SELBST. Eine derartige »gesellschaftliche« Variante des Ockhamschen Rasiermessers haben wir unbestreitbar Marx zu verdanken. In dieser Hinsicht hat sich der Autor von *Das Kapital* im Wortsinn Spinozas als ein erstrangiger *Kritiker* erwiesen: Und gerade deshalb hat ein Schriftsteller, obwohl er ihn nicht allzusehr mochte, Albert Camus, ihm stets Fähigkeiten als »unvergleichlicher Geisterheller«[8] zuerkannt. Aus demselben Grund meinte Adorno, daß Marx sehr wohl würdig sei, als Wahlspruch das *Sapere aude* zu nehmen, mit dem Kant den Geist der Aufklärung prägnant wiedergegeben hat.

Bekanntlich war auch Freud in unseren finsteren Zeiten ein Mann der Aufklärung. Paul Ricœur hat den Begründer der Psychoanalyse in die Traditionslinie der großen Bahnbrecher der Aufklärung gestellt: »Alles, was man nach Freud über das Bewußtsein sagen kann, scheint mir in dieser Formel enthalten: *Das Bewußtsein ist kein Ursprung, sondern eine Aufgabe.*«[9] In dem, was Marx und auch Freud nach Nietzsche an Bestem geleistet haben, waren sie genau in dem Sinne »wissenschaftlich«, der für Bayle und Spinoza zutrifft – und das im vollen Wortsinn: Der Wert ihrer Entdeckung des Unbewußten beruht allein darauf, daß sie eine Entdeckung des Bewußtseins ist. Gewiß haben die beiden modernen Meister des Argwohns nicht viele ausdrückliche Hinweise auf ihre Beziehungen zu Bayle oder Spinoza hinterlassen. Allerdings wird Pierre Bayle in Marxens *Heiliger Familie* als ein Vernichter der Metaphysik gewürdigt. Und was Freud betrifft, so bezieht er sich zwar nur selten auf Spinoza, doch man erkennt übereinstimmend an, daß er im

8 Albert Camus, *Der Mensch in der Revolte*, Essays, aus dem Franz. übertr. von Justus Streller, neu bearb. von Georges Schlocker unter Mitarb. von François Bondy, Reinbek bei Hamburg, Rowohlt, 1994, S. 163.
9 Vgl. Paul Ricœur, *Le conflit des interprétations*, Le Seuil, 1969, S. 109. Hervorhebung von mir.

Sinne des Autors der *Ethik* die Wahrheit als Erkenntnis der Illusion versteht.[10] Wenn man das Irrationale aufspürt, so geschieht das im Namen der Vernunft. Ein derartiges Unternehmen ist nichts anderes (mag Marx das nun gewollt haben oder nicht) als die Bemühung um das *Verständnis* der Welt, der einzige Weg, auf dem die Veränderung der Welt möglich wird.

Nun haben aber auch Nietzsche, Marx oder Freud sowie ihre Epigonen das Ockhamsche Rasiermesser mißbraucht; sie neigten dazu, es durch eine Axt zu ersetzen, indem sie in ihr Denken systematisch eine gewisse Ideologie des Argwohns oder der Enthüllung integrierten. So wurde denn die Vorstellung, daß sich die Wahrheit zwangsläufig und definitionsgemäß tarne, ebenfalls zur absoluten *Wahrheit*, sie fiel in die Äußerlichkeit zurück. Aufs neue verriet man die Grundlage der Vernunft selbst. Doch die Vernunft läßt sich niemals mit den objektivierten Systemen identifizieren, die sie hervorbringt; die Vernunft ist wie das Bewußtsein eine *Aufgabe*, Bewegung, Verpflichtung, stets wiederbegonnene Befreiung. Die Vernunft ist nur ein anderer Name für Autonomie. Und Autonomie schließt jede Abhängigkeit des Menschen von einer Welterklärung aus, selbst wenn es eine Erklärung sein sollte, als deren souveränen Urheber er sich unter dem Schwur, nichts mehr den Göttern zu verdanken, selbst bezeichnet.

Marxens oder Freuds und selbst Nietzsches Irrtum wurde von *Edmund Husserl* nicht begangen. Es läßt sich sogar sagen, daß das gesamte Werk dieses Philosophen ein spannungsvoller und leidenschaftlicher Versuch ist, einen derartigen Irrtum zurückzuweisen. Unter denen, die in unserem Jahrhundert an das große Zeitalter und den von der »Krise des europäischen Bewußtseins« gestellten leiden-

10 Vgl. zu diesem Thema: B. Ogilvie, »Spinoza dans la psychanalyse«, in: *Spinoza au XXe siècle*, hg. unter Leitg. von O. Bloch, PUF, 1993, S. 571.

schaftlichen Anspruch anknüpften, ist Edmund Husserl vielleicht der reinste. Seine Aufgabe war, den Positivismus als »Weltanschauung«[11] zu bekämpfen. Wenn die Objektivität sich für die »universale Wissenschaft« halte, verfalle sie in Lüge, Irrtum oder Täuschung. Der Rationalismus der Aufklärungsperiode sei »mit verborgenem Widersinn behaftet«, weil er die Verwirrung zwischen Vernunft und Wissenschaftlichkeit geschaffen habe (die Wissenschaft sei zum Gesetz, die Innerlichkeit zur Äußerlichkeit geworden). Doch der Autor der *Krisis* möchte gerade deshalb der ersten »Intention« der großen Philosophen des Zeitalters der Aufklärung noch treuer folgen: der, den Rationalismus zu »realisieren«.[12] Einen Rationalismus, der sich mehr auf Spinoza als auf Descartes beruft. Welcher Unterschied, stellt der Autor selbst fest, zwischen dem modernen Positivismus und dem Geist der *Ethica*![13]

Die Schlüsselworte der *Krisis der europäischen Wissenschaften* sind: *Selbstbesinnung, Selbstverantwortung, Autonomie.* Und diese Worte unterstützen die Verkündung des unerschütterlichen Glaubens an die Rationalität: »Wahre und echte Philosophie [...] und wahrer und echter Rationalismus ist einerlei.«[14] Dies bedeutet, daß Husserl, der leidenschaftliche Kritiker der modernen Wissenschaft, im

11 Vgl. E. Husserl, »Die Krisis der europäischen Wissenschaften und die transzendentale Phänomenologie. Eine Einleitung in die phänomenologische Philosophie«, in: Edmund Husserl, *Gesammelte Schriften*, hg. von Elisabeth Ströker, Band 8, Hamburg, Meiner, 1992, S. 3.

12 Ebd., S. 201.

13 Nach Ansicht Spinozas kann die Physik kein vollständiges System bilden, sie könne die Ontologie nicht zusammenfassen. Es werde nie in Frage kommen, »die Physik [...] den Physikern [zu] überlassen« (vgl. Husserl, ebd., S. 65).

14 Ebd., S. 200f. – Eugen Fink zufolge sollte der abschließende Teil des Werks folgenden Titel bekommen: »Die unwandelbare Aufgabe der Philosophie: die Selbstverantwortung der Menschheit« (vgl. E. Husserl, *La crise des sciences européennes et la phénoménologie transcendantale*, Bibliothèque de Philosophie, Gallimard, 1976, S. 571).

20. Jahrhundert zweifellos derjenige Philosoph ist, der den Wissenschafts- und Bewußtseinsidealen, so wie sie einst formuliert worden sind, die größte Treue gehalten hat. In den so überaus bewegenden letzten Zeilen der *Krisis* bringt der Autor kraftvoll die Idee zum Ausdruck, daß Vernunft ein Streben auf Vernunft hin, eine Entscheidung des Menschen, die Wahl seiner selbst ist – und kein Ersatz des göttlichen Willens durch die Zwänge der objektiven Welt: Gemeint sei eine »sich als vernünftig verstehende [Menschheit], verstehend, daß sie vernünftig ist im Vernünftigseinwollen, daß dies eine Unendlichkeit des Lebens und Strebens auf Vernunft hin bedeutet, daß Vernunft gerade das besagt, worauf der Mensch als Mensch in seinem Innersten hinaus will ...«.[15]

Soweit Nietzsche, Marx, Freud und Husserl dem Ockhamschen Rasiermesser treu gewesen sind, haben sie in unserer Moderne die Vereinigung von Wissenschaft und Bewußtsein verkörpert. Selbst im Bereich der exakten Wissenschaften sind sie nicht ohne geistige Erben geblieben, da die »wissenschaftlichen Wahrheiten« heute das Verständnis für ihre Relativität wiederfinden und sich von allen positivistischen Rückständen befreit haben: Von Einstein bis Oppenheimer, von Kuhn bis Prigogine löst sich die Wissenschaft in ihrer entschiedensten und reinsten Form vom Objektivismus und verleugnet nicht mehr ihr eigenes Mysterium.

Die Wissenschaft hat verstanden, daß sie nichts anderes als der Mensch ist. Daß sie mit allem, was der Mensch hat, in das Abenteuer der Erkenntnis involviert ist.[16] Sie hat ihre

15 Ebd., S. 275.
16 »Die Beziehungen zwischen den wissenschaftlichen Entdeckungen und den Grundideen sind, wie man durchaus sagen muß, geheim, tiefverborgen und schwer zu erfassen.« Robert Oppenheimer, *La science et le bon sens*, Gallimard, Coll. Idées, 1963, S. 14.

produktive Mitverantwortung für die *»über die Wissenschaft hinausgehenden*, philosophischen, metaphysischen und religiösen« Ideen anerkannt.[17] Nunmehr weiß jeder Schuljunge – oder sollte es wissen –, daß sich Kopernikus und Kepler zum Heliozentrismus hingezogen fühlten, weil sie einen Hang zur Sonnenmystik hatten, und nicht nur weil sie eine größere »wissenschaftliche« Strenge als ihre Zeitgenossen entwickelten. Oder daß Newton, »der erste Physiker«, auch »der letzte Alchimist« war, wie es Keynes gesagt hat, der den berühmten »Koffer« des Wissenschaftlers durchforschte.[18] Und man erinnere sich daran, daß insbesondere der Darwinismus mit den philosophischen und sozialen Ideen seiner Zeit eng verbunden war. Die Sphären des Denkens sind »wie ferne Echos«, die »lang verhallend sich verweben«.[19]

Gewiß. Aber all diese Feststellungen heben bei weitem nicht den Wert der Wissenschaft auf, sondern präzisieren ihn nur besser. Sie ermöglichen es, die Idee einer verifizierbaren und geteilten Erfahrung, also die Hoffnung auf Erkenntnisfortschritt und eine fortschreitende Ausgestaltung des Wissens deutlicher herauszuarbeiten, selbst wenn dieses Wissen und diese Erkenntnis unabänderlich begrenzt sind. Die Relativität der Vernunft bedeutet nicht deren Ungültigkeit. Sie bedeutet einfach, daß sie menschlich ist.

17 Vgl. Alexandre Koyré, *Études d'histoire de la pensée scientifique*, Gallimard, Coll. Tel, Nr. 92, S. 12. Vgl. auch Evry Schatzmann, *La science menacée*, a. a. O., S. 47, der von einem »gemeinsamen Ursprung der Sozialstruktur und des wissenschaftlichen Denkens« spricht.

18 Vgl. L. Verlet, *La malle de Newton*. Keynes' Äußerungen werden auf S. 28 zitiert. Man kann hierzu auch den anregenden Schlußteil desselben Werks mit seinen Betrachtungen über »den asymptotischen paradigmatischen Realismus« (S. 417-435) lesen.

19 Charles Baudelaire, *Korrespondenzen*, zit. nach: Baudelaire, »Die Blumen des Bösen/Der Spleen von Paris«, übertr. und hg. von Sigmar Löffler, Leipzig, Insel, 1973, S. 17 (A. d. Ü.).

Wenn daher Adorno und Horkheimer am Ende des Zweiten Weltkriegs schreiben konnten: »Wissenschaft selbst hat kein Bewußtsein von sich, sie ist ein Werkzeug«[20], so deshalb, weil sie die Wissenschaft auf Bacon zurückführten und dabei Comte und die Aufklärung als Durchgangsstadien ansahen, weil sie – wobei sie Husserl zitierten, um ihn dann desto nachhaltiger zu vergessen – eine irregeleitete und vom Positivismus gelähmte Wissenschaft anprangerten. Wenn sie das Ende der Mythen und der Magie zu bedauern scheinen und beklagen (jawohl, beklagen), daß die Vernunft »von Parmenides bis auf Russell« die »Zerstörung von Göttern und Qualitäten«[21] verlangte, so deshalb, weil sie glaubten oder glauben wollten, daß die Wissenschaft in ihrem höchsten Prinzip und nicht nur in ihren technischen Modalitäten quantitativ sei. Sie hatten ganz eindeutig recht, die positivistische Auffassung anzugreifen. Doch die Wissenschaft läßt sich nicht auf die Quantifizierung der Welt beschränken. Zuerst war sie – und ist notwendigerweise weiter – ein Unternehmen, mit dem man Scheinbilder beseitigt, und dieser Kampf wird im Namen jener *Qualitäten* geführt, die Freiheit, Wahrheit und Autonomie heißen.

Unser Jahrhundertende behauptet, es habe seine »fortschrittlichen« Illusionen verloren. Nachdrücklich hat es das »blinde« Vertrauen der Aufklärung in die Macht der Vernunft verspottet. Es bedauert die Verirrungen des Szientismus. Das aber geschieht, um Freud und Marx, Nietzsche und Husserl gegenüber taub zu bleiben und um (in der Nachfolge Adornos und Horkheimers, doch ohne deren Entschuldigungen) jede Wissenschaft mit dem Positivismus zu identifizieren. Da wir nämlich verstanden haben, daß der Fortschritt keine faktische oder mathematische Selbst-

20 Horkheimer und Adorno, *Dialektik der Aufklärung*, a. a. O., S. 102.
21 Ebd., S. 21.

verständlichkeit ist[22], haben wir schließlich entschieden, daß er »nicht existiert«. Weil er widerrufen werden kann, möchten wir, daß er aufgehoben ist. Wir haben aufgehört, hinter der Idee des menschlichen Fortschritts die Idee der Humanität zu sehen.

22 Denn das ist der große Vorwurf, den Adorno und Horkheimer gegen die Aufklärung erheben: Die Vernunft glaubte im Zeitalter der Aufklärung an »das Schema der Berechenbarkeit der Welt« (ebd., S. 20). Damit wird vor allem auf die Idee der Mathematisierung der Sozialwissenschaften angespielt, die geradewegs auf Condorcet zurückgeht.

XI

Auf der Suche nach der Gnosis

Der Traum, Wissenschaft und Bewußtsein zu vergessen, und der Wunsch, sich der allzu schweren Bürde der inneren Freiheit zu entledigen, gehen mit dem Verlangen einher, die *Zeit* zu leugnen oder zu vergessen – dieses Verlangen hatten wir in seiner vulgären Erscheinungsform bei den Kreationisten und in seiner subtilen Erscheinungsform bei Lévi-Strauss festgestellt: Was wir wissen, aber nicht wissen wollen, und was die »Krise des europäischen Bewußtseins« verstanden hat, ist nämlich, daß die menschliche Zeit nicht von der Wissenschaft festgesetzt, sondern tatsächlich selbst gewählt wird. Ja mehr noch: Die Zeit ist genau das, was wir vor allem und für alles wählen. Sage mir, welche Vorstellung du von der Zeit hast...

Die lineare Zeit, das Erbe des Christentums und der Aufklärung, ist nicht der beste Verbündete für jemanden, der sich selber täuschen will: Sie verweigert uns die bequeme Sicherheit, daß kein Fortschritt möglich sei. Innerhalb der linearen Zeit sind die Irrtümer und Fehler stets wiedergutzumachen. Sie ist die Zeit der Überarbeitungen, Verbesserungen, Umgestaltungen und Korrekturen, der Reue und der mühseligen Hoffnung. Nun, davon will unser Zeitalter nichts mehr wissen.

Gewiß läßt sich schwer vorstellen, wie wir vollständig und konkret auf die lineare Zeit verzichten könnten, die ja die Zeit der Entwicklungspläne und der Rentenberechnung ist. Doch es geht gerade darum, daß uns diese Zeit der Äußerlichkeit oder der Atomuhren nicht mehr interessiert, ohne daß wir deshalb wüßten, wodurch wir sie ersetzen könnten. Wollen wir lediglich eine beliebige Zeit haben?

Wir drehen uns hierhin und dorthin, wir wälzen uns im Bett der Gegenwart hin und her, während wir nach dem zeitlichen Schlaf suchen, nach einer Zeitlichkeit, die älter als die Träume ist, und dabei bleiben wir hoffnungslos wach, gemartert von den Nägeln der Gegenwart.

Die zyklische Zeit der Antike läßt uns träumen: Nicht etwa, daß wir so sehr auf das große Fest hoffen, das den Rhythmus dieser Zeit der Wiederkehr bestimmt; wir haben kaum Lust zum Feiern. Doch wenn der ewige Zyklus die Wahrheit der Welt ist, steht wenigstens fest, daß die Idee des menschlichen Fortschritts allen Sinn verliert, und damit sind wir von den Erfordernissen des Selbstverständnisses und der Besserung der Verhältnisse befreit. Mircea Eliade zufolge haben sich die Menschen der Neuzeit niemals ganz von der zyklischen Zeit der Antike gelöst, und heute sind wir vielleicht dabei, als von der Geschichte Enttäuschte und am Fortschritt Verzweifelte zu ihr zurückzukehren...[1] Schließlich führen uns die Jahreszeiten, doch auch die Uhren und Kalender eine zyklische Zeit vor. Sicher, Jahrhunderte einer linearen Zeitauffassung und die Angst, ins Archaische zurückzufallen, sowie der zermürbende körperliche Abnutzungsprozeß halten uns davon ab, die zyklische Zeit vorbehaltlos als Wahrheit zu verkünden. Aber die enttäuschenden Folgen des Fortschritts und die chiliastische Atmosphäre dieses Jahrhundertendes, ganz zu schweigen von dem Verlangen, das christliche Erbe abzuschütteln, bringen uns mit großer Gewalt von der linearen Zeit ab. Wofür soll man sich entscheiden? Vielleicht für jene mittlere oder vielmehr halbherzige Lösung, die zahlreiche zeitgenössische Denker bezaubert zu haben scheint: die gebrochene Zeit der *Gnostiker*.

1 Vgl. Mircea Eliade, *Kosmos und Geschichte*, a. a. O., S. 166. Eliades »Heute« war das Jahr 1945. Doch man sieht, daß seine Worte fünfzig Jahre danach noch wahrer sind.

Die antike Gnosis hatte Abscheu vor der Zeit, gleichgültig, ob diese zyklisch oder linear war. Für sie war die Zeit trügerischer Schein oder Lüge oder auch ganz einfach und grundsätzlich etwas Irreales. Bedeutung hatte allein der Bezug zur Ewigkeit, dies war indes eine atemlos erregte Beziehung, wenn man es so nennen darf: Man begriff das Ewige nicht anders als in der Transzendenz oder Transzendierung eines erleuchteten Augenblicks, in der blitzartigen Zickzackbewegung der Ekstase. Den aufeinanderfolgenden Momenten der Gegenwart, den wahnwitzigen konvulsivischen Zuckungen entriß man Fetzen des Absoluten. Da es schwierig ist, die physikalische Zeit ganz und gar zu leugnen, erkannte die Gnosis eine gebrochene Zeitlichkeit an, doch genaugenommen war es das Nichts, was hier der Brechung unterlag.[2]

Nun findet aber das zeitgenössische Denken in vielfacher Hinsicht und in spektakulärer Form zu diesem zeitlosen Zeitgefühl zurück. Hat man nicht Claude Lévi-Strauss selbst des Gnostizismus beschuldigt? Auf den ersten Blick scheinen die Thesen des Autors der *Elementaren Strukturen der Verwandtschaft* mit einer tragischen und konvulsivischen Auffassung der Zeitlichkeit nicht viel gemein zu haben. Trotzdem veranschaulichen sie die – typisch gnostische – *Verneinung* des Chronos. Weiter oben, als es um Lévi-Strauss' Ablehnung ging, nach den Ursachen zu suchen, ließ sich bereits feststellen: Die strukturale Synchronie verfällt in Achronie. Doch mit seiner gesamten Mytheninterpretation nimmt Lévi-Strauss eine Weltdeutung vor, die, weil sie so nachhaltig die Diachronie überschreitet, die Zeit selbst diskreditiert und sie in das Schattenreich des bloßen Scheins verbannt. Eine mythische Darstellung kann grundsätzlich nur im Rahmen einer bestimmten Zeitdauer gedeutet wer-

2 Vgl. Henri-Charles Puech, »La Gnose et le temps«, in: *En quête de la Gnose*, Bd. I, S. 217.

den (sie enthält einen Anfang und ein Ende). Für Lévi-Strauss ist diese banale Wahrheit ein Skandal, den es zu überwinden gilt. In der zur metaphysischen Achronie gewordenen strukturalen Synchronie ist die Zeit, welche Gestalt sie auch immer haben mag, an sich schon ein Trugbild. Man versteht gut, warum die Frage nach dem Ursprung des Inzestverbots und nach dem Ursprung überhaupt – eine Frage, von der die evolutionistische Ethnologie geradezu besessen war – sich von diesem Standpunkt aus ganz einfach nicht stellt. Wenn die Zeit *nicht ist*, wird es ebensowenig einen Ursprung geben. Die Vergangenheit ist nichts weiter als die Gegenwart.[3]

In der Vergangenheit war »das Menschsein [...] nicht ›unfertiger‹, als es heute ist.« »[...] der ›eigentliche Mensch‹ [war] seit je da [...].« Diese typisch »achronen« Formulierungen könnten den *Elementaren Strukturen der Verwandtschaft* entnommen sein. Tatsächlich sind sie in Hans Jonas' *Prinzip Verantwortung* zu finden.[4] Wenn der zu einer Meditation über die Zeit und zu einer metaphysischen Zeitauffassung gewordene Strukturalismus mit einer bestimmten Form der Gnosis übereinstimmt, so gilt das noch viel offenkundiger für Jonas, einen der Gründerväter unse-

3 Darüber hinaus läßt sich erkennen, daß die auf einer solchen Grundlage geschaffene Wissenschaft als absolute Gegnerin jeder *Philologie* – also der systematischen Erforschung der jeweiligen in die Zeit integrierten, in der Zeit entstandenen Bedeutung bzw. Bedeutungen – auftritt. Man kann nicht gleichzeitig Gnostiker und Spinozist sein. Vgl. zu diesem Thema: Thomas Pavel, *Le mirage linguistique*, Minuit, 1988, S. 57-59. Um seine Darlegungen zu veranschaulichen, beruft sich der Autor ganz zu Recht auf den *Theologisch-politischen Traktat*. Er stellt Lévi-Strauss' Auffassung der Kritik jener Bayles und Spinozas gegenüber... Wie er feststellt, neigt Lévi-Strauss dazu, eine kabbalistische Deutung der Mythen vorzunehmen: Durch endlose Permutationen verweist eine Myriade von Bedeutungen ständig aufeinander, ohne jene lineare Zeitlichkeit zu berücksichtigen, die als Voraussetzung jedes *kritischen* Verständnisses erscheint.

4 Vgl. Hans Jonas, *Das Prinzip Verantwortung*, a. a. O., S. 202 und 382.

rer orthodoxen Ökologie, der nicht nur einen Teil seines Lebens dem Studium der Gnostiker des Altertums gewidmet hat, zu deren geistiger Haltung er sich bekennt[5], sondern der uns auch und vor allem eine recht eigentlich gnostische Sicht der modernen Welt vermittelt. *Das Prinzip Verantwortung* läßt sich unschwer als gnostische Darstellung lesen. Der Zeit kommt hier keine Erlöserrolle zu, selbst und gerade wenn Jonas behauptet, die menschliche Moral mit der Rücksichtnahme auf zukünftige Generationen zu begründen. Denn in seinem Denken erscheint die Zukunft als das Objekt der Angst selbst; sie ist sein Schreckgespenst, das die berühmte »Heuristik der Furcht« legitimiert. Die Zukunft ist wie die Technik nur das schreckliche Antlitz einer zeitlosen Bedrohung: Sie ist das Zeichen, daß wir uns nicht auf die Zeit verlassen dürfen, wenn wir gerettet werden wollen.

Wenn die Zukunft eher eine Bedrohung als eine Hoffnung ist, so heißt das: Durch die Vermittlung der Technik führt die Zeit unausweichlich dazu, daß die Menschen ihre eigene Hölle schaffen. Von der Zeit läßt sich dann nichts Gutes erwarten; die Zeit selbst ist das Übel. Bedeutsam erscheint allein das *nunc stans* einer gewissen, absolut gegenwärtigen, also zeitlosen Erleuchtung.[6] Folglich ist die Aufforderung, dem »moralischen Anspruch« der anorganischen und unbewußten Welt zu gehorchen (und also anzuerkennen, daß der bewußte moralische Anspruch nichts Spezifisches hat), ein Appell, sich dem zu unterwerfen, was nicht der Zeit angehört.

Nicht weniger als Jonas war Ernst Bloch ein Gnostiker. Das mag erstaunlich wirken, weil das *Prinzip Hoffnung* der Zukunft einen *positiven* Wert gibt, den das *Prinzip Verant-*

5 Vgl. zu diesem Thema: Simone Pétrement, *Le dualisme chez Platon, les gnostiques et les manichéens*, PUF, 1947; insb. S. 143.
6 Vgl. *Das Prinzip Verantwortung*, a. a. O., S. 381 sowie Anm. 23.

wortung ihr ja gerade verweigert. Doch ist der Gnostiker nicht der Verächter und Leugner der Zeit? Nun beginnt die gnostische Ablehnung der Zeit aber mit der – gleichgültig, ob negativen oder positiven – *Aufwertung* der Zukunft als solcher; mit der Überschätzung der Zukunft. Jonas' Haltung ist die unmittelbare Folge derjenigen Blochs und deren umgekehrtes Abbild: Wenn man sagt, die Zukunft sei Hoffnung, so bereitet man das Kommen jener vor, die sagen werden: Die Zukunft ist Angst. Denn in beiden Fällen handelt es sich darum, die Zukunft zu verdinglichen und als eine Gegenwart zu etablieren – und sie demzufolge als *Zukunft*, das heißt als Voraussetzung der menschlichen Möglichkeiten, zu verneinen. Kurz, wenn man die Zukunft überschätzt und ihr ein festes Ziel setzt, verneint man bereits die Zeit.

Aus diesem Grund verwandelt sich die Vision Blochs, die auf den ersten Blick linear wie keine andere zu sein scheint und die sich selbst als bekennende weltliche Eschatologie präsentiert, verwandelt sich diese flammende Erhöhung einer marxistischen und strahlenden Zukunft wieder in gnostische Angst, in absolutes Mißtrauen gegen die Zeit und in Furcht vor allem, was nicht die Gegenwart ist.

Ihr Menschen unserer Zeit, strengt euch noch einmal an, wenn ihr ganz und gar Gnostiker werden wollt: An diesem letzten Ende des 20. Jahrhunderts wird euch die abgeklärte Gnosis geboten, nach der ihr verlangt habt, die ruhige, offen verkündete und anerkannte Ablehnung aller Zukunftsideen und jeder Linearität der Zeit. Der Mann, der diese kühne Tat vollbringt, ist der italienische Philosoph Giorgio Agamben, der sich sowohl auf den Marxismus als auch auf den Strukturalismus Lévi-Strauss' beruft, aber nur, um sie besser »überwinden« zu können, wenn man sich überhaupt noch so ausdrücken darf. Agamben strebt danach, dem modernen politischen Denken »eine Zeitauffassung« zu geben,

»die seiner Geschichtsauffassung angemessen ist«.[7] Wie kommt er dazu, sich für die gnostische Zeit zu entscheiden, um eine solche Aufgabe zu bewältigen?

Der Autor erinnert zunächst an die Vorstellung von der kreisförmigen Zeit oder der Ewigen Wiederkehr in der Antike und an ihre »Antithese«, die christliche Zeit: die gerichtete, sinnvolle, die Geschichtlichkeit begründende Zeit.[8] Er stellt fest, daß sich diese gerichtete Zeit in vollständigem Niedergang befinde und sich »auf eine bloße Chronologie reduziert« habe; der Historismus des 19. Jahrhunderts sei in Wirklichkeit eine »radikale Verneinung der Geschichte«, die durch eine durch und durch äußerliche Zeitlichkeit ersetzt werde.[9] Man könnte es nicht besser ausdrücken. Ein Mann jedoch entgeht dem schmachvollen Urteil: Karl Marx. Dieser erneuere, versichert Agamben, unser Geschichtsverständnis mit einer grundlegenden und kühnen Tat: Er kehre die Beziehung zwischen Zeit und Geschichte um, wie sie seit den Anfängen des Christentums und bis zu Hegel vorgeherrscht habe: Der Mensch sei fortan nicht historisch, weil er sich in die Zeit stelle, sondern er stehe in der Zeit, weil er historisch sei.[10]

Nun, setzt Agamben hinzu, müssen wir uns diese wirklich »revolutionäre« marxsche Intuition wieder zu eigen machen und die früheren Zeitauffassungen aufgeben, in denen das »Jetzt« als ein Punkt ohne Ausdehnung (auf einer Geraden oder einem Kreis, je nachdem, ob man Christ oder Grieche ist) erscheint.

So weit ist alles zutreffend – oder beinahe. Und wir finden hier eine Analyse wieder, deren große Linien uns ver-

7 Vgl. Giorgio Agamben, *Enfance et histoire*, Übers. von Y. Hersant, Coll. Critique de la Politique, Payot, Paris 1989, S. 113.

8 Ebd., S. 117. Agamben beruft sich ausdrücklich auf die Arbeiten H.-C. Puechs.

9 Ebd., S. 120.

10 Ebd., S. 123.

traut sind. Doch um unserer Berufung zur Geschichtlichkeit gerecht zu werden, wendet sich Agamben abrupt (in einer blitzartigen Zickzackbewegung) der gnostischen Zeit und ihrer gebrochenen Linie zu, in der er den Ort der souveränen menschlichen Entscheidung sieht, die im blendenden Licht des Augenblicks getroffen werde. Und um dieser marxschen Zeit besser gerecht zu werden, sollen wir Kafka, Walter Benjamin und Heidegger, die erklärten Gegner der »punktuellen und kontinuierlichen Zeit« der abendländischen Tradition, als Autoritäten anerkennen, wenn wir nach dem befreienden, authentischen »Moment« unserer Entscheidung suchen.[11] Die »Lust«, das »Alles und alles sofort« sollen dann die ontologischen Befreiungsmodelle sein. Denn der »wahre Revolutionär« sei jener, der sich daran erinnere, daß »das ursprüngliche Vaterland des Menschen die Lust ist«.[12] Diese Schlußfolgerung verrät ein wenig den nostalgischen Rückblick auf den Mai achtundsechzig: Man war ausgezogen, um die griechische Zeit und die christliche Zeit gemeinsam zu beseitigen, und man fand sich im Haschischdunst und in den Nebelwolken der Erinnerung wieder. Wenn aber auch Agambens Antwort enttäuschend wirkt, hat andererseits seine so getreulich mit derart unterschiedlichen Autoren wie Lévi-Strauss oder Jonas übereinstimmende Art, die Moderne in Frage zu stellen, unsere Aufmerksamkeit verdient.

Die Zeit ist nur eine Erscheinungsform der Struktur, sagte Lévi-Strauss; äußerstenfalls ein Scheinbild. Die Zeit ist Angst, an sich ist sie nicht die Trägerin eines Sinns oder einer Hoffnung, sagte Jonas. In der Nachfolge Heideggers, Benjamins und eines revidierten Marx (ohne dessen ironische und hedonistische Schlußfolgerungen zu berücksichtigen) verwirft Agamben schließlich jede Idee der Zeit, die

11 Ebd., S. 125-129.
12 Ebd., S. 130.

keine menschliche Entscheidung und Erleuchtung im »Jetzt« ist.

Die drei soeben genannten Autoren reagieren gewiß zu Recht auf eine durchweg äußerliche Zeitlichkeit, die sich ausschließlich nach der Uhr richtet – also auf eine entfremdende und karikierende Zeitauffassung. Im Verlauf der Jahrhunderte hat das Abendland allmählich die Zeit mit dem Raum, das heißt mit einer abgesteckten und beengenden Äußerlichkeit verwechselt. Weil die Metapher bequem war und wir uns dem falsch verstandenen Einfluß der Naturwissenschaften unterwarfen, haben wir die Zeit als eine Dimension aufgefaßt, in die wir eingetaucht sind und die wir so durchlaufen, wie man sich auf ein im Raum liegendes Ziel zubewegt. (Sicher waren wir uns weiter bewußt, daß in dieser Metapher ein Fehler steckte: Da der chronologische Ablauf unumkehrbar war, mußte der von uns durchlaufene Weg, um sich ihm anzupassen, ebenfalls unumkehrbar sein. Jede »Rückkehr in die Vergangenheit« offenbarte, daß man dieser Wahrheit der Zeit untreu geworden war. Doch eine derartige Untreue war im Grunde nur etwas Unmögliches, und der »Rückschritt« wurde etwas, was man sich eigentlich nicht vorstellen konnte.) Nun hatten wir aber die folgende, ganz einfache und offensichtliche Tatsache vergessen: Da die Zeit kein zu durchlaufender Raum ist, kann sie weder der Ort von Fortschritt *noch von Rückschritt* sein. In diesem Sinne ist sie keine »Dimension«, und die Alltagssprache täuscht uns ebenso wie die der Physiker. Die Zeit ist lediglich die Voraussetzung eines vollkommen inneren Prozesses. In diesem Sinne haben die modernen Gnostiker recht: Die Zeit gehört uns, sie ist eher die Wirkung als die Ursache unserer Geschichtlichkeit und vielleicht auch unserer Vervollkommnungsfähigkeit.

Aber die modernen Gnostiker haben unrecht, wenn sie Chronos auf die absolute Gegenwart reduzieren: Dauer wird man dem Blitz immer nur in der Erinnerung und in der Hoffnung verleihen. In dieser Hinsicht muß man ihnen die christliche Tradition entgegenhalten, die von den Gründervätern der Renaissance und des 17. Jahrhunderts verinnerlicht und »humanisiert« wurde – ganz zu schweigen von Hegel (vom wahren spiritualistischen Hegel...). Ihrer konvulsivischen, eingeengten Zeit muß man die entfaltete Zeit, die erlebte Zeit entgegenstellen, jene Zeit, die es ermöglicht, daß man nicht nur die Gestalt des Wirklichen erfassen, sondern sie auch *umgestalten* kann.

Wie gesagt: Der Irrtum, der die gnostische Reaktion herausgefordert hat, bestand darin, daß man die Zukunft überschätzte, aus der man eine falsche Gegenwart oder jedenfalls ein Objekt machte. Doch der Irrtum des zeitgenössischen Gnostizismus besteht darin, daß er unter dem Vorwand einer authentischeren Geschichtlichkeit die Dimension der Zukunft und die der Vergangenheit verwirft. Es läßt sich unschwer erkennen, wie und warum die »niederen« Formen des zeitgenössischen Irrationalismus ebenfalls der Gnosis ähneln und deren Irrtümer wiederholen. Allzu offensichtlich ist, daß der historische Fatalismus, in dem wir einen verfälschten Hegelianismus entdeckt haben, dazu führt, aus jedem geschichtlichen Ereignis und jedem plötzlichen Vorkommnis den Richter der Weltwahrheit zu machen. Dann leben wir in jenem Zustand eines perpetuierten oder ewigen Jüngsten Gerichts, den Kafka (einer der Vorläufer, die Agamben für sich in Anspruch nimmt) so eindringlich vorausgeahnt hatte.

Sobald es nur noch den Augenblick gibt, gibt es nur noch die Ewigkeit. Dann ist der Sinn der Welt überall und nirgends, unablässig wird er von Zeitbruchstücken festgelegt, die man sich so leuchtend und strahlend erträumen mag, wie man sich noch vor kurzem die Zukunft ausmalte (Fukuyama folgt auf Bloch), vor der man sich jedoch ebensogut wie Hans Jonas als etwas Schrecklichem fürchten kann.

Die kreationistischen Auffassungen und ganz allgemein sämtliche irrationalistischen Strömungen mit wissenschaftlichem Anspruch sind gleichfalls sekundäre Varianten der Gnosis. In seinem widersprüchlichen Streben, aus dem Glauben eine Wissenschaft zu machen und durch einen irrationalen Akt jene Gewißheit zu erlangen, die seine Vernunft, wie er meint, absolut bestätigen werde, hegt auch der zeitgenössische Kreationist (doch genauso derjenige, der an Astrologie, Tischrücken oder magnetische Schlangen unter seinem Bett glaubt) jenen Traum vollkommener Erkenntnis, die sich in einem Wissensschatz äußern und zugleich der Zeit entzogen sein soll: Sie äußere sich im absoluten Augenblick – was für eine Paradoxie! Man bleibt sich andeutungsweise bewußt, daß jede wahrhaft menschliche Erkenntnis eine Arbeit ist und daß der Mensch sie vernünftig begründen kann; hieraus erklärt sich, daß man einen wissenschaftlichen Anspruch erhebt; aber man will diese Frucht der Zeit in einem einzigen Augenblick pflücken. Hieraus erklärt sich der kreationistische Glaube.

Man könnte sich ein Vergnügen daraus machen, Spuren der gnostischen Zeitauffassung sogar in den Erscheinungen unseres gesellschaftlichen und alltäglichen Lebens zu finden. Beispielsweise in den Fernsehnachrichten: die Zeitlichkeit von an den Augenblick gebundener Ekstase und von Abscheu, die sich durch die Häufung selbst aufheben: Die Wiederholung ist hier nicht die bedeutungsvolle der zyklischen Zeit, sondern das rekursive Zelebrieren des Nichts. Man kann auch noch an die erstarrte, maskenhafte Zeit einiger Museen für zeitgenössische Kunst denken, denn dauernde Würde verleihen diese sehr oft solchen Werken, die aus Schwäche oder vorsätzlich der Dauer gegenüber eine feindselige Haltung einnehmen. Dies ist das Syndrom der monumentalisierten Skizze, der auf einen Sockel gestellten Spottgebärde, deren Vorläufer die *ready-mades* Duchamps und danach die Campbell-Suppen Andy Warhols waren. Diese gegenseitige Durchdringung zweier Zeitlichkeiten (das gleiche gilt für die Sprüche am Autoheck, die einen kurzlebigen Scherz jahrelang überdauern lassen) zeigt deutlich das krampfhaft verzerrte Gesicht und die Brechung, die für unsere gnostische Zeit charakteristisch sind.

Doch leider entspricht das alles nicht unseren menschlichen Bedürfnissen. Noch einmal sei gesagt: Die zeitgenössische Gnosis hat recht, wenn sie die äußerliche Zeit ablehnt, aber sie hat keineswegs recht, wenn sie Entwurf und Erinnerung ächtet. Die Wiedereroberung der Zeit ist keine Suche nach der konvulsivischen Zuckung. Unter dem Vorwand, mit der Äußerlichkeit zu brechen, bricht man mit der Zeit selbst. Unter dem Vorwand, mit der fatalistischen und mechanistischen Fortschrittsauffassung zu brechen, bricht man mit jeder Idee der Vervollkommnungsfähigkeit. Im Widerspruch zu jenen Philosophien, die einst und jüngst ihren Fortschrittsglauben bekundet haben, trifft es ganz gewiß zu, daß die Vervollkommnungsfähigkeit nicht automatisch auf den Flügeln der Zeit getragen wird; sie ist nicht *die Zeit*. Doch *wenn es eine Vervollkommnungsfähigkeit gibt* (und wenn man daran glaubt, so bedeutet das nicht, daß man an die Äußerlichkeit oder Räumlichkeit der menschlichen Zeit glaubt), dann gestaltet sie sich innerhalb der Zeit. Nicht durch die Arbeit *der Zeit*, sondern durch die Arbeit, die uns die Zeit ermöglicht. Sie gestaltet sich ganz einfach durch die Umwandlung einer Erfahrung in Bewußtsein. Wenn es eine Vervollkommnungsfähigkeit gibt, so ist sie eine Verinnerlichung der Zeit selbst. Damit wir dem Besseren entgegengehen können, müssen wir wissen, daß uns die Zeit gehört. Und Fortschritt heißt Entwurf.

Hat diese Formulierung einen existenzphilosophischen

und sartreschen Klang? Warum nicht? Die Stärke der Definition des Menschen als Entwurf liegt in ihrer Einfachheit. Eindeutig verinnerlicht sie unsere Geschichtlichkeit, ohne die Zeit zu zerstückeln. Sie setzt das Wissen voraus, daß man selbst die Zeit sein muß, wenn man Zeit haben will. In diesem Sinn verstehe ich die Versuche eines Jürgen Habermas oder eines Jean-Marc Ferry. Dieser schlägt eine neue Geschichtsdeutung vor, die von dem, was er die »Universalstruktur der erlebten Welt« nennt, sowie von einer »pragmatischen Neugestaltung der historischen Vernunft« ausgeht.[13] Das bedeutet einfach, daß *Geschichte* möglich ist, weil jede Kultur mit den anderen Kulturen kommuniziert und die Wahl trifft, sie zu integrieren (vor allem einschließlich derjenigen, von denen sie durch die *Zeit* getrennt ist). Dann wird die Geschichte sinnvoll (und Weltgeschichte) sein, ohne daß sie deshalb auf der rein physikalischen und kausalen Zeit beruht (eine Kultur der Vergangenheit kann die Zukunft der unsrigen sein, wenn wir sie heute entdekken und uns bemühen, sie zu verstehen). Die Unumkehrbarkeit des Chronos ist nicht physikalisch, sondern semantisch (man kann den Verstehensakt eines anderen nicht zurücknehmen). Und das alles bedeutet vor allem, daß *die Zeit menschlich ist.*

Gewiß läßt sich diskutieren, ob die Gestaltung einer Kultur durch die Integration und Befragung anderer Kulturen nicht spezifisch ist für das moderne Europa, mag der Autor das nun meinen oder nicht, denn Europa macht sich heute das Erbe Griechenlands, Roms, des Jazz und auch der afrikanischen Masken zu eigen (oder, wie wir zugeben müssen, es stellt sie in Frage und »versteht« sie): Ist das umgekehrt auch wahr? Offenkundig gilt das nicht für Griechenland und Rom, die unsere Moderne nicht befragen können. Die

13 Vgl. Jean-Marc Ferry, *Les puissances de l'expérience*, Éditions du Cerf, 1991, Bd. I, S. 198f.

physikalische Zeit herrscht hier über die geschichtliche Zeit, und Jean-Marc Ferry hat nicht auf meinen Einwand gewartet, um sich dessen bewußt zu werden.[14] Wie aber verhält es sich mit den außereuropäischen Kulturen?

Zwar haben Kulturen, die sich von der unsrigen unterscheiden, tatsächlich kommuniziert: Das bezeugt die Einführung des Buddhismus in Japan oder die des Islam in Persien. Doch haben das vorbuddhistische Japan oder das vorislamische Persien damals die Kultur »verstanden«, die zu ihnen gelangte? Machten sie Fortschritte auf dem Weg der gegenseitigen Anerkennung, also einer Weltgeschichte, indem sie das neue Prinzip in ein »verständnisvolleres Prinzip« integrierten?[15]

Man kann sich diese Frage stellen. Sicher bleibt jedoch weiterhin, daß wir es hier mit einem Denken zu tun haben, das über jeden Verdacht eines naiven Fortschrittsglaubens und jede Gefahr, Fortschritt und Evolution zu verwechseln, erhaben ist[16] und das es trotzdem ablehnt, die geschichtliche Dimension des Menschen (und noch viel mehr dessen Rationalität) auf dem Altare unsrer bitteren Wissenschaft zu opfern, und das es außerdem ablehnt, in strukturalistische oder gnostische Achronie zu verfallen. Ein so geartetes Denken ist heute möglich.

Existiert der menschliche Fortschritt? Und ist er unumkehrbar, wenn er existiert? Wir wissen nunmehr recht gut,

14 Wobei er sich allerdings nicht die folgende Erklärung versagt: Wenn die christliche Welt der modernen Welt »vorausgeht«, so nicht wegen der Abfolge in der physikalischen Zeit, sondern weil es eine semantische Notwendigkeit hierfür gebe (ebd., S. 214).

15 Ebd., S. 205.

16 »Es kommt darauf an, die Geschichte nicht mit der Evolution gleichzusetzen« (ebd., S. 204). Und Stephen Jay Gould kann schreiben: »Die Ableitung eines Fortschrittsbegriffs aus der Tatsache der Evolution resultiert nicht aus einer logischen Notwendigkeit.« Gould stellt außerdem fest, daß Darwin selbst offenbar eine derartige Verwechslung vermieden hat (vgl. *Aux racines du temps*, S. 269, Anm. 1).

daß der Fortschritt nicht Gegenstand einer bloßen Feststellung sein kann, denn man muß an seine Realität glauben, damit man erkennt, daß er sich im Rahmen eines bestimmten sozialen oder kulturellen Wandels vollzogen hat. Vom Standpunkt der sogenannten »kalten« Gesellschaften aus hat das, was wir »Fortschritt« nennen, gar nicht diese Bedeutung, denn weder für sie noch für uns gibt es »Fortschritte zu machen«. Wenn man die kreisförmige Zeitlichkeit der Antike oder die gebrochene der Gnostiker wählt, so *gibt es keinen* Fortschritt. Im übrigen ist der Fortschritt nicht so meßbar, wie man den Fortgang eines Baus mißt, und wenn man behauptet, daß er »unumkehrbar« sei, hat das folglich auch nicht mehr Sinn.

Hegel beweist hinlänglich, daß der Fortschritt sich selbst zur Voraussetzung hat. Und nebenbei sei angemerkt, daß die Definition, die Kojève für ihn vorschlägt, vom Postulat der – progressiven – Rationalität abhängig bleibt: »Es ist im übrigen offenkundig, daß der Begriff ›Fortschritt‹ nur in bezug auf einen *bewußten* Wandel sinnvoll ist; *jeder* bewußte Wandel ist zwangsläufig ein Fortschritt [...]. Nun glaube ich aber nicht, daß man den Fortschritt anders definieren kann, als daß man sagt, daß es einen *Fortschritt* gibt, der von A nach B führt, insofern man A ausgehend von B verstehen kann, ohne daß man B ausgehend von A verstehen kann.«[17] Diese Definition setzt offenbar als selbstverständlich voraus, daß die westliche Ethnologie die Azande versteht, dies jedoch nicht umgekehrt gilt. Nun können aber die Azande sehr wohl behaupten, uns zu *verstehen* (oder auch der Meinung sein, es sei sinnlos, uns zu verstehen oder nicht). Die gleiche Einschränkung oder vielmehr die gleiche Voraussetzung gilt für Jean-Marc Ferry, der den Verstehensakt als die Überschreitung einer

17 Vgl. Alexandre Kojève, *Introduction à la lecture de Hegel*, a. a. O., S. 281, Anm. 2.

Bedeutung durch »ein verständnisvolleres Prinzip« beschreibt.[18]

Die Überschreitung setzt voraus, daß man an die qualitative Potenz der Rationalität glaubt, wenn ich das so nennen darf. Ebenso verhält es sich, wenn etwa Jan Patočka versucht, die Geschichte zu definieren, indem er sie der »Vorgeschichte« entgegenstellt:[19] Diese zwei Begriffe können nur gleichzeitig entstehen, der eine aus dem anderen und der eine durch den anderen; sie lassen sich jedoch keineswegs als ein von einem *post hoc* ausgehendes *propter hoc* auseinander herleiten. Man wird in diesem Zusammenhang feststellen, daß die »fortschrittliche« Zeitlichkeit dem Augenblick eine außerordentliche Würde verleiht, und das gilt sogar für etwas, was noch augenblicklicher als der Augenblick ist: die jede Zeitlichkeit überschreitende blitzartige Erleuchtung, in der die Idee des Fortschritts auftaucht: Geschichte und Vorgeschichte schaffen sich gegenseitig in der Aufhebung jeder Dauer und jeder Kausalität. Und die Zeit kann ihrer eigenen Entstehung beiwohnen, weil sie die Wahl getroffen hat, außerhalb der Zeit zu sein.

Nichts kann Zeitlichkeit sein, nichts kann Fortschritt sein, wenn es nicht von der Position eines Weltverständnisses ausgeht, das die Möglichkeit der linearen Zeit voraussetzt. Die *Tatsache* des menschlichen Fortschritts ist in hohem Maße widerrufbar, weil sie stets und in jedem Augenblick von einer Entscheidung abhängt. Was man jedoch als unwiderrufbar und unumkehrbar ansehen kann, ist gerade die *Möglichkeit* des Fortschritts selbst, die Möglichkeit dieser außerzeitlichen Entstehung der bewußten Dauer; die Gegenwart dieser Neuheit, die uns die Vergan-

18 A. a. O., Bd. I, S. 205.

19 Vgl. Jan Patočka, »Hat Geschichte einen Sinn?«, in: *Ketzerische Essais zur Philosophie der Geschichte*, hg. von Klaus Nellen und Jiri Nemec, Stuttgart, Klett-Cotta, 1988, S. 77ff., insb. S. 86.

genheit als überwunden offenbart. Das heißt, daß die Menschen eine neue Virtualität im Gedächtnis bewahren und daß sich diese nur mehr von einem unredlichen Standpunkt aus zurückweisen läßt. Weil Spinoza, Bayle, Voltaire und Newton existiert haben, außerdem Marx, Husserl, Freud und Nietzsche, ganz zu schweigen von Jesus, eröffnet sich für die Menschheit unabweislich die Möglichkeit eines Ganges in Richtung auf eine größere Selbsterkenntnis. Doch dieser Gang selbst (abgesehen davon, daß der Begriff irreführt, weil ihm eine räumliche Metapher zugrunde liegt und weil die Zeit sicher *kein Raum ist*) hat durchaus kein unumkehrbares Wesen. Was sich von einer Generation an die nächste weitergeben läßt, ist nicht die Behauptung eines Fortschritts, sondern das Vorhandensein, also der Anspruch einer Möglichkeit.

XII
Die Rückkehr Leo Naphtas

In Thomas Manns *Zauberberg* wird Leo Naphta, eine höchst eigenartige Persönlichkeit, mit dem italienischen Progressisten Settembrini konfrontiert, einem Freimaurer, Schüler Carduccis, Friedenskämpfer, Anhänger der Aufklärung, der Volksbildung und der Trennung von Kirche und Staat, Mitglied eines »Internationalen Bundes für Organisierung des Fortschritts«.[1] Leo Naphta hingegen ist ein konvertierter und zum Jesuiten gewordener Jude (während gewalttätiger Krawalle starb sein Vater den Kreuzestod[2]); Naphta glaubt nicht an den Fortschritt, den Frieden oder humanitäres Handeln, nicht an die Moral in der Politik, an die Menschenrechte oder das Selbstbestimmungsrecht der Völker. In seinen Augen sind das alles gefährliche Illusionen, Verhöhnungen der seelischen Wahrheit. Zur großen Erbitterung seines Gegners predigt er gar die Vorzüge des Analphabetentums.[3] Im Gegensatz zu den »okzidentalen« Idealen Settembrinis bekennt er sich bald zu einem gewissen Quietismus, den auch er selber als »orientalisch« bezeichnet[4], bald zu einem terroristischen Ideal, das eine prämoderne Welt wiederherstellen soll, in der Arbeit den Wert der Askese hatte und die Tat nur das Vorspiel der Kontemplation war; eine Welt, in der es allein auf das Schicksal der Seele ankam, eine Welt, welche die »Satansherrschaft des Geldes, des Geschäftes«[5] nicht kannte.

1 Vgl. Thomas Mann, *Der Zauberberg*, Berlin, Aufbau-Verlag, 1953, S. 349.
2 Ebd., S. 625.
3 Ebd., S. 739-740.
4 Ebd., S. 535.
5 Ebd., S. 574.

Naphtas Meinung zur Wissenschaft ist die folgende: »Er glaube nicht an sie, sagte er [...]. Sie sei ein Glaube, wie jeder andere, nur schlechter und dümmer als jeder andere [...].«[6] Oder auch das noch: »Guter Freund, es gibt keine reine Erkenntnis. [...] Der Glaube ist das Organ der Erkenntnis und der Intellekt sekundär. Ihre voraussetzungslose Wissenschaft ist eine Mythe. Ein Glaube, eine Weltanschauung, eine Idee, kurz: ein Wille ist regelmäßig vorhanden, und Sache der Vernunft ist es, ihn zu erörtern, ihn zu beweisen. Es läuft immer und in allen Fällen auf das ›Quod erat demonstrandum‹ hinaus.« Und er fügt hinzu, was seinen Gegner maßlos verblüfft: »Eine Ehrenrettung der Scholastik steht, wenn nicht alles täuscht, [...] bevor [...]. Kopernikus wird von Ptolemäus geschlagen werden.«[7]

Settembrini ist nicht nach Lachen zumute. Er empfindet tiefe Entrüstung. Naphtas Satz mag noch so ungeheuerlich sein, er läßt sich dennoch aussprechen, und das allein bedeutet einen fürchterlichen Skandal. Der italienische Progressist, den die Blasphemie erschüttert, antwortet nur indirekt, in Frageform. Er fühlt, und wir fühlen, daß Naphta die bedenklichste Frage stellt: Wenn alles Glaube ist, sogar die Wissenschaft, wenn der Nachweis der angeblich wissenschaftlichen Tatsachen in hohem Maße von der Frage selbst abhängt, die man an die Welt richtet, wie kann man dann noch behaupten, daß Kopernikus »wahrer« als Ptolemäus sei? Naphta macht sich sogar anheischig zu beweisen, daß Ptolemäus den Interessen des Menschen und des menschlichen Glücks weitaus stärker entgegenkomme und *also* weitaus wahrer sei. Damit steht natürlich fest, daß die Idee des Fortschritts, in den Wissenschaften und anderswo, also kurz gesagt die Idee der Stichhaltigkeit der Vernunft, jede Bedeutung verliert.

6 Ebd., S. 985.
7 Ebd., S. 563.

»Was legt fest, daß die Heilige Schrift *keine* Quelle vorzüglicher Evidenzen über die Verfassung des Himmels darstellt? [...] Wir sind die Erben einer dreihundertjährigen Rhetorik, die uns sagt, wie wichtig es sei, eine scharfe Trennung zwischen Wissenschaft und Religion [...] vorzunehmen. Diese Rhetorik hat die Kultur Europas geprägt. Sie hat uns zu dem gemacht, was wir heute sind. Wir haben Glück, daß kleine erkenntnistheoretische oder wissenschaftshistorische Schwierigkeiten nicht ausreichen, dem ein Ende zu setzen. Wenn wir jedoch unsere Loyalität in bezug auf diese Unterscheidungen proklamieren, so sagen wir damit nicht, daß es ›objektive‹ oder ›rationale‹ Maßstäbe gibt, sie zu akzeptieren. Galilei war sozusagen als Sieger aus der Debatte hervorgegangen [...]. Was könnte jedoch zeigen, daß sich der Streit zwischen Galilei und Bellarmin etwa vom Streit zwischen Kerenski und Lenin [...] ›prinzipiell unterscheidet‹?«

Der Leser wird zweifellos Naphta diese bilderstürmerischen Überlegungen zuschreiben: »Erkennen wir vielmehr an, daß Galilei sozusagen als Sieger aus der Debatte hervorgegangen war« – womit stillschweigend vorausgesetzt wird: was seine wirkliche Überlegenheit nicht im mindesten beweist. Diese Art, die Entdeckung des italienischen Gelehrten zu relativieren, ist durchaus mit Naphtas Ankündigung der Niederlage des Kopernikus gleichzusetzen. Sofern derartige Äußerungen nicht aus der Feder eines orthodoxen Kreationisten stammen: »Was legt fest, daß die Heilige Schrift *keine* Quelle vorzüglicher Evidenzen über die Verfassung des Himmels darstellt?« Aber nein, wer so spricht, ist keine Romanperson und auch kein Schwarmgeist aus dem Mittleren Westen, sondern schlicht und einfach der berühmte Richard Rorty, der liberale amerikanische Philosoph.[8]

8 Vgl. Richard Rorty, *Der Spiegel der Natur: Eine Kritik der Philosophie*, übersetzt von Michael Gebauer, Frankfurt a. M., Suhrkamp, 1994, S. 358-360 (Hervorhebungen des Autors).

Um Gerechtigkeit walten zu lassen: Rorty ist nicht der einzige, der ein derart ungeheuerliches Paradoxon äußert: Andere, nicht weniger ernsthafte Denker sind ihm hierin vorausgegangen, und die gesamte (von Feyerabend bis Lyotard reichende) philosophische Richtung, die »Postmodernismus« genannt wird, hat die Idee, daß das wissenschaftliche Verfahren subjektiv sei, bis zum Äußersten getrieben, um ihr subtil antirationalistische Schlußfolgerungen zu entnehmen – doch wie man sehen wird, und darin besteht das Bohrende des Problems, kann der Antirationalismus, sobald er sich der Kontrolle der Philosophen entzieht, schwerlich längere Zeit subtil bleiben.

Offenkundig geht es für Denker, die sich in allen Feinheiten eines gründlichst ausgefeilten Atheismus auskennen, nicht darum, der Vernunft die »Gewißheiten des Glaubens« entgegenzustellen. Vielmehr wollen sie die Vernunft in deren eigener Relativität auflösen. Ein Unternehmen, das von den Intellektuellen derart hoch geschätzt wird, daß man es als einen Gemeinplatz, ja sogar als die »›kulturelle Institution‹ unserer Zeit« anprangern konnte[9] – wohlverstanden bei den Philosophen.

Rortys Beweisführung scheint unwiderlegbar: Wenn die Trennung zwischen Wissenschaft und Religion lediglich »Rhetorik« ist, so läßt sich tatsächlich nicht eindeutig erkennen, warum wir ihr unsere »Loyalität« bewahren sollten. Doch man wird es zu bewerten wissen, wie solcherart Jahrhunderte streng philosophischer Beweisführung und geistiger Errungenschaften mit der Bezeichnung »Rhetorik« diskreditiert werden (für Rorty gibt es keine Philosophien, sondern nur »Sprechweisen«; hieraus erklärt sich die Verwandlung der Denker in Rhetoren). Desgleichen wird man die Formulierung bewundern: »Wir haben Glück, daß

9 Nach einer Äußerung Jacques Bouveresses in: *Rationalité et cynisme*, Minuit, 1984, S. 59.

kleine [...] Schwierigkeiten nicht ausreichen...« »Glück!« Die wissenschaftliche Erklärung der Welt treffe scheinbar zu, doch im Grunde sei das reiner Zufall, und nichts beweise, daß sie obligatorisch und endgültig an die Stelle anderer Erklärungen treten müsse... So sinkt Richard Rorty in Leo Naphtas Arme.

Am interessantesten ist jedoch, daß der amerikanische Denker wirklich nichts von einem perversen und nietzscheanischen Jesuiten hat. Im Gegenteil, sein gesamtes Werk verherrlicht »Liberalismus« und Toleranz, es veranschaulicht ein Denken, dem jeglicher »regressive« Dogmatismus absolut fremd ist. Der Autor möchte eine Philosophie begründen, die »das Gespräch« der Menschen mit sich selbst »in Gang zu halten« suche und darauf verzichte, »eine objektive Wahrheit zu finden«[10], also erst recht darauf, sie gewaltsam durchzusetzen. Rorty stellt sich auf die Seite jener Denker, die er »bildend« nennt, um sie von den »systematischen« Philosophen zu unterscheiden.[11] Seine Sympathien gelten eher Kierkegaard als Hegel. Und der von ihm herbeigewünschte Relativismus ist nicht von einem toleranten und offenen Humanismus zu trennen. Mehr noch: Er versagt es sich nicht, den Begriff »Fortschritt« in einem ganz und gar positiven Sinn zu gebrauchen.[12]

Wie kommt er unter diesen Umständen dazu, derartige Erklärungen abzugeben? Weil seiner Ansicht nach der Sieg Galileis oder die Trennung zwischen Wissenschaft und Re-

10 Vgl. *Der Spiegel der Natur*..., a. a. O., S. 408.

11 Ebd., insb. S. 400. In einem anderen Werk unterscheidet Rorty in demselben Sinn die »Ironiker« von den »Metaphysikern« (vgl. *Kontingenz, Ironie und Solidarität*, übersetzt von Christa Krüger, Frankfurt a. M., Suhrkamp, 1995; insb. das vierte Kapitel, S. 127-161).

12 Vgl. *Kontingenz, Ironie und Solidarität*, a. a. O., vor allem S. 75, 84 und 91 (wo von »intellektuellem und politischem Fortschritt« gesprochen wird, ohne daß die geringste Ironie zu erkennen ist).

ligion, sobald man daraus absolute Werte gemacht hat, Dogmatismus, geistige Selbstisolation und schließlich Gewalt nach sich ziehen – sich also gegen den »Fortschritt« wenden. Eine solche Kritik stimmt in mancher Hinsicht mit derjenigen überein, die Lévi-Strauss am Abendland übt. Auf den ersten Blick könnte diese geistige Nähe überraschen, denn der Autor der *Traurigen Tropen* ist ja ein konsequenter Vertreter des Positivismus und wäre gewiß schwerlich damit einverstanden, daß der Sieg Galileis eine Sache des »Glücks« sei. Wie jedoch bereits festgestellt wurde, engt der Positivismus Lévi-Strauss' wie der Liberalismus Rortys die Bestrebungen der menschlichen Rationalität ein: Die Vernunft mag in ihrem Reich konsequent wirken, doch ihr Reich soll streng abgegrenzt sein: Das *Andere* muß sein Existenzrecht geltend machen können. Der Dogmatismus mit beschränktem Herrschaftsbereich stimmt dann leicht mit dem extremen Liberalismus überein. In beiden Fällen verweigert man der »abendländischen« Vernunft jeden Ausnahmestatus, weil man in dieser Vernunft nur ein Instrument, eine Rhetorikmaschine sieht.

Sicher hat Rorty nicht unrecht, wenn er – nach vielen anderen – die übermäßige Objektivierung der Welt und die pflichtwidrige Verabsolutierung wissenschaftlicher Wahrheiten anprangert: Damit geißelt er lediglich, wie es angebracht ist, die Übertreibungen des szientistischen Positivismus. Danach aber nimmt die Sache eine schlimme Wendung. Nach Ansicht unseres liberalen Philosophen führt das Bewußtsein unserer Relativität nicht dazu, daß die Solidarität von Wissenschaft und Gewissen erneut bestätigt wird, vielmehr macht es aus uns Progressisten, *die nicht an den Fortschritt glauben*. Nach Rortys Meinung soll man seine Werte nicht anders verteidigen, als wenn man von seinem Geschmack erzählt. Gewiß, räumt er ein, gebe es »tatsächlich etwas wie moralischen Fortschritt«, und »dieser

Fortschritt [geht] wirklich in Richtung auf mehr Solidarität«.[13] Aber, setzt er schleunigst hinzu, das verhindert nicht, daß diese Solidarität, ebenso wie die Demokratie und die humanistischen Werte (ganz zu schweigen von der Wissenschaft), »durch nichts anderes verursacht ist als kontingente historische Bedingungen«.[14] Wenn das 20. Jahrhundert nach Jesus Christus sich mehr als das 20. Jahrhundert vor Jesus Christus um Solidarität bemühe, so sei das bloßer Zufall. Die Geschichte habe nichts damit zu tun. Wenn also die zeitgenössischen Gesellschaften etwas weniger unmenschlich als die früheren seien, so nicht deshalb, weil alle ihre Angehörigen sich den Kantschen Postulaten bewußt angeschlossen oder sich entschieden hätten, die Gebote der Evangelien treuer zu befolgen. Nein, es erweist sich, daß es einfach so ist. Vorausgesetzt, daß es so bleibt.

Im Gegensatz zu Denkern wie Habermas, die gerade im Namen der menschlichen Solidarität eine von der Aufklärung übernommene allgemeingültige Rationalität mehr oder weniger entschieden bewahren wollen, behauptet Rorty, daß unsere Demokratien nicht mehr an ihre eigenen Grundwerte glauben müssen, um existieren zu können, so daß diese nun überflüssig gewordene Einrüstungen seien. Wir sollen uns von der Illusion der Grundlegung frei machen. Schließlich werde man die Tyrannenherrschaft nicht mit rationalen Rechtfertigungen beenden. Wenn auch »Grausamkeit das Schlimmste ist, dessen wir fähig sind«[15], so benötigt doch diese Überzeugung, wie er behauptet, keine philosophische Rückversicherung, um in den Herzen zu bestehen; sage man nicht mit vollem Recht, wenn sich der »zivilisierte Mensch« vom »Barbaren« unterscheide, so deshalb, weil der erstgenannte unerschrocken

13 Ebd., S. 310.
14 Ebd., S. 306.
15 Ebd., S. 281.

für Überzeugungen einstehe, deren Relativität er dennoch kenne?[16]

Was soll man auf das alles antworten? Zunächst einmal ist es wahr, daß der »zivilisierte Mensch« die Relativität jeder Überzeugung kennt; er weiß zum Beispiel, daß wissenschaftliche Wahrheiten keine letztgültigen ontologischen Wahrheiten sind. Doch wenn er unerschrocken für seine eigene Sichtweise einsteht, so nicht trotz oder wegen deren Relativität, sondern weil er sie, so relativ sie auch ist, als die einzige betrachtet, die die menschliche Autonomie garantiert und die Welt der Verantwortung des Menschen unterstellt. Mit anderen Worten: Der »zivilisierte Mensch« glaubt nicht mehr, daß seine Überzeugungen in direktem Zusammenhang mit dem Absoluten stehen oder daß sie *sub specie aeternitatis* die besten seien; aber er meint deshalb nicht, daß sie sich gegen die der »Barbaren« austauschen ließen. Er ist durchaus überzeugt, daß seine – gewiß relativen – Werte besser *als die anderen* sind (er wird also *nicht* sagen, daß Bellarmin mit Galilei gleichzusetzen sei).

Die Sichtweisen von Kopernikus oder Einstein sind in den intelligiblen Himmeln der Philosophen nicht derjenigen des Ptolemäus überlegen, und auch nicht die Darwins derjenigen der Genesis; doch sie sind es tatsächlich auf der Erde in ihrer intellektuellen Verstehbarkeit. Diese Sichtweisen gehen einher mit einem bestimmten Begriff von Autonomie, Wahrheit und Freiheit, einem bestimmten Begriff des *Menschen* (von dem gerade unsere Relativisten und Liberalen ausgehen und den sie um keinen Preis aufgeben möchten). *Sie sind, in der Welt der Dinge, der Ausdruck der moralischen Ansprüche, die wir in der Welt der Menschen erheben.*

Zu der Behauptung, wir brauchten unsere tiefsten Überzeugungen nicht philosophisch oder rational zu begründen,

16 Ebd., S. 87. Der Autor hat diese Überlegung von Joseph Schumpeter übernommen.

um sie zu leben und lebendig zu erhalten, läßt sich feststellen, daß sie aus Überzeugung und Rationalität zwei getrennte Welten macht: Nun versucht dieser ganze Essay zu zeigen, daß eine solche Trennung haltlos ist. Für jemanden, der an die Universalität der Vernunft glaubt, *gehört die Suche nach der geistigen Grundlage zum Wesen der Überzeugung selbst.* Für ihn ist die Universalität der Vernunft die Schwester jener Universalität des Schmerzes und der Demütigung, auf die sich Rorty im übrigen unablässig beruft.

Unbestreitbar ist, daß der moralische Fortschritt der Gesellschaften nicht von einer philosophischen Bewußtwerdung oder einer religiösen Bekehrung aller ihrer Angehörigen herrührt. Daß jedoch dieser Fortschritt *demzufolge* reine Kontingenz und in jedem Augenblick umkehrbar sei[17], ist ziemlich fragwürdig, schärfer: es kommt mir sogar auf eine befremdliche Weise widersprüchlich vor. Ich bekenne, daß ich nicht recht verstehe, wie man die Idee des Fortschritts verteidigen kann, ohne an die der Geschichte zu glauben. Wenn es nämlich zutrifft, daß der in hohem Maße unbewußte Zivilisationsprozeß oft *post factum* philosophische Rechtfertigungen für sich findet, so setzt doch die Idee des Fortschritts definitionsgemäß selbst voraus, daß wir unsere Gegenwart der Vergangenheit und keineswegs dem Zufall verdanken. Einer durchaus wiederbelebten und daher zur lebendigen Gegenwart gewordenen Vergangenheit, die man jedoch zunächst erkennen und anerkennen muß, um damit den Augenblick zu verlebendigen. Rorty, der aus einem geistigen Umfeld kommt, das sich grundsätzlich von jenem der modernen Gnostiker unterscheidet, deren Erscheinungsbild ich weiter oben skizziert

17 Wie Rorty es mit seiner Analyse von Orwells *1984* bezeugt (*Kontingenz, Ironie und Solidarität*, insb. S. 299 und 303f., wo der Autor die Formulierungen benutzt: »es ist möglich, daß ..., daß es sich möglicherweise ebenso *ergeben kann*« ...).

habe, unterwirft sich nun selbst der Zeitauffassung der Gnosis: Wenn man sagt, daß unsere Epoche »solidarisch« sei, dies aber in jedem Augenblick aufgeben könne, und wenn man sagt, daß diese Solidarität unserem vergangenen Bewußtsein und unserem Bewußtsein der Vergangenheit nichts verdanke, so bedeutet das nichts anderes, als daß man nun auch selber die *Zeit* für eine blitzartige Zickzackbewegung hält, die in der Nacht der Achronie vom Zufall gelenkt werde.

Richtig und wertvoll an Rortys Denken ist die Idee, daß Solidarität nicht nur ein Verstandesakt, eine Dimension der Rationalität, sondern ebenfalls ein »Geschmack« ist. Und sobald er akzeptieren würde, daß die individuelle und kollektive Vergangenheit in uns eine sinnerfüllte Gegenwart ist, sobald er anerkennen würde, daß die Gegenwart in allen ihren Augenblicken nur der erlebte Sinn der Vergangenheit ist, bekäme seine Idee, daß Überzeugungen so geteilt werden, wie man Geschmacksrichtungen teilt, einen höchst annehmbaren und sogar höchst produktiven Sinn. Eine solche Idee würde offenkundig nicht mehr der Suche nach der geistigen Grundlage, ebensowenig jeder anderen Form der Rationalisierung entgegenwirken. Es ist schön, sich vorzustellen, daß man die Solidarität so erlernen kann, wie man es lernt, Musik zu verstehen. Im Bereich der Moral verhält sich dann das Beispiel zur Ermahnung zur Vernunft wie auf musikalischem Gebiet das Hören zur Analyse. Man darf weder das eine noch das andere ausschließen.

XIII

Den Barbaren gegenüber

Nun aber kommt das wirklich entscheidende Argument: Da Rorty ganz damit beschäftigt ist, ein Gespräch mit »zivilisierten Menschen« zu führen, die relativistisch, tolerant und differenziert wie er selber denken, vergißt er ein wenig zu sehr die »Barbaren«. Er vergißt, welchen Nutzen die Barbaren aus unserem eleganten und heiter-gelassenen Verständnis für die Kontingenz ziehen. Er vergißt: Wenn wir uns zu einem Fortschritt ohne Rationalität und zu einer Geschichte ohne Geschichtlichkeit bekennen und wenn sich unsere Vernunft bemüht, sich selbst von jedem begründenden Anspruch loszusagen (wobei sie unsere »irrationalen« Bestrebungen, nicht zu leiden und keine Leiden zu verursachen, elegant übersieht), läßt sie all jenen Kräften freie Hand, die nur danach trachten, die Vernunft zu verabschieden oder sie insgesamt zu ihrem Instrument zu machen.

Wenn man genug maliziöse Subtilität und abgeklärten Liberalismus aufbringt, kann man durchaus meinen, es sei »möglich, daß« diese irrationalistischen Denkweisen um sich greifen, und im Grunde sei die magische Welterklärung nicht schlimmer als eine andere. Aber meinen Rorty und all die Postmodernen wirklich, daß der unterworfene Mann dem befreiten (und die eingesperrte Frau der freien) gleichzusetzen sei? Daß der von Kometen eingeschüchterte Mensch gleichzusetzen sei mit Spinoza, der Astrologe mit dem Astronomen und der Gesundbeter mit dem Arzt? Vergessen sie, daß die Magie, wenn sie über den Kreis der feinsinnigen und paradoxen Philosophen hinausgelangt, gestern und auch heute Entfremdung, Entsetzen vor unbegreiflichen Kräften, Selbstentäußerung, Unterwerfung unter fremde oder eigene Tyrannei bedeutet? Vergessen sie, daß es heute nicht nur um ein paar zurückgebliebene Unglückliche, sondern um eine ganze Gesellschaft geht, die gerade dabei ist, das Gefühl für den Zusammenhang zwischen ihrem Willen und ihrem Schicksal zu verlieren?

Vergessen sie, daß andererseits die »Barbaren« sich bei uns wie anderswo in aller geistigen Ruhe auf eine Rationalität nach Art des Kallikles berufen können, die nur die Maske der Gewalt ist? Daß sie uns unverzüglich unsere instrumentale Vernunft, unsere »Rhetorik«, aus den Händen reißen und sie auf ihre Weise nutzen, ohne die geringste Achtung vor den elementaren Regeln der Redlichkeit zu haben, die das Wirken des kritischen Denkens lenken? Gewiß haben diese Regeln nie verhindert, daß die politische Lüge um sich griff. Wenn wir aber diese Lüge nicht aufhalten können, müssen wir zumindest die Mittel bewahren, mit denen sie sich erkennen und entlarven läßt. Zumindest müssen bestimmte Worte wahrer als andere bleiben, und die Suche nach der Wahrheit muß von bloßer Rhetorik zu unterscheiden sein.

Noch einmal: Es wäre lächerlich zu behaupten, daß Rorty und ganz allgemein die postmodernen Denker die Komplizen der zeitgenössischen Barbarei seien. Doch es wäre falsch, wenn man überhaupt keinen Zusammenhang sähe zwischen der Relativierung ihrer eigenen Werte und der Unfähigkeit, die Werte der »Barbaren« abzuwehren.

Im *Zauberberg* ist übrigens der Weg sehr kurz, der von dem ganz und gar philosophischen und relativistischen Naphta zum militanten und gewalttätigen Naphta führt. Nachdem der merkwürdige ehemalige Jesuit die Erfolgsaussichten des Ptolemäus gegenüber Kopernikus abgeschätzt hat, wettert er gegen Plutokratie und Korruption und predigt die asketische Schau Gottes, womit er getreulich den heutigen fundamentalistischen Diskurs vorwegnimmt. Wenn man behauptet, die Vernunft habe keine Grundlagen, weil sie im wesentlichen subjektiv sei, so kommt es früher oder später dazu, daß man bei sich selbst und bei anderen jenem unerbittlich Irrationalen, das »Gewalt« heißt, das Feld überläßt. Ebenso sah der große Gegner der Aufklärung, der lautere Joseph de Maistre, Gott schließlich in der Gestalt des Henkers.

Es ist unwahr, daß der Verstand sich nicht mit dem Obskurantismus abfindet. Es ist immer der Verstand, der die Dummheit stark macht. In diesem Punkt haben Voltaire und Condorcet nicht unrecht: Wenn es Schwachköpfe gibt, so deshalb, weil es Betrüger, Denker des Antidenkens, gibt. Es trifft zu, daß Leo Naphta nur eine Romanperson ist. Doch er ist eine kohärente Persönlichkeit. Naphtas Obskurantismus kann nicht rein intellektuell bleiben, selbst wenn und vor allem weil er überaus intelligent ist. Er wird Folgen haben: Thomas Manns Romanperson begeht Selbstmord. Andere werden töten.

Im wirklichen Leben sind jene, die die Grundlagen der Vernunft subtil in Zweifel ziehen, und jene, die Bomben in Flugzeuge legen, gewiß nicht oft ein und dieselben. Trotzdem bin ich weiter überzeugt, daß die schlimmsten Gegner der Aufklärung, diejenigen, die das größte Blutvergießen heraufbeschwören, keine unaufgeklärten Leute, sondern verdorbene Verstandesmenschen sind.

Die Bewegungen, die sich heute und in der ganzen Welt auf die gewalttätigste Weise antirationalistisch gebärden, führen übrigens stets *Vernunftgründe* an; sie argumentieren, folgern und schließen, nehmen sogar ausdrücklich einen »wissenschaftlichen« Standpunkt ein. Sie erarbeiten nicht nur ein Gedankensystem, sie gehen viel weiter: Sie versichern, sie hätten das *nihil obstat* und das *Imprimatur* der Vernunft erhalten. Die Tyrannen glauben sich zu dem Nachweis verpflichtet, daß sie die Menschenrechte respektieren, und sie geben ihren Ideen, während sie zu einem kurzen öffentlichen Auftritt vor den internationalen Gremien erscheinen, den Firnis der Rationalität oder sogar des Humanismus; danach, wenn der Gegner abgezogen ist, widmet man sich wieder seinen Geschäften.

Doch die Manipulatoren fanatischer Ideologien verlangen heute vor allem *im Namen der Toleranz* allgemeine Achtung. Man kennt die Reden, die gegenwärtig die Islamisten an den Westen richten. Ein erschreckendes Beispiel hierfür ist jene Formel, die gleichwohl so unschuldig und charmant wirkt: »Der Schleier ist mein Schamgefühl«: »mein Schamgefühl«, oder wie man im individualistischen, liberalen Westen der nachachtundsechziger Zeit sagt: »mein Unterscheidungsmerkmal«. Das Tragen des Schleiers wird nicht mehr als die Pflicht zur Unterwerfung dargestellt, sondern als der feinfühlig westliche Ausdruck des Rechts auf Originalität, folglich als Ausdruck des Freiheitsverlangens. Ebenso wird man jene, die aus religiösen Gründen morden, im Namen ihrer gekränkten Sensibilität verteidigen. Eine relativistische und liberale Philosophie hat angesichts einer derart vollkommenen Unredlichkeit tatsächlich *nichts* zu antworten.

Spinoza hat es gesagt: »Indessen kann ich sie doch nicht ganz entschuldigen, da sie die Vernunft zu Hilfe rufen wollen, um sie selbst, die Vernunft, zu verjagen, und einen Grund suchen, um durch dessen Gewißheit die Ungewißheit der Vernunft zu beweisen.«[1] Sie sind nicht zu entschuldigen, doch in wessen Namen sollen wir sie verurteilen, wenn wir selber glauben, daß die Vernunft nur ein »rhetorisches« Instrument ist? Wenn wir behaupten, an den Fort-

1 Vgl. Spinoza, *Der Theologisch-politische Traktat*, a. a. O., S. 278. Vgl. auch *Opera*, a. a. O., S. 256: *At interim eos absolute excusare non possumus, quandoquidem Rationem in auxilium vocare volunt ad eandem repellendam, et certa ratione eandem incertam reddere conantur.*

schritt zu glauben, obwohl wir eigentlich nur an die Kontingenz glauben? Wie können wir allen gegenwärtigen und zukünftigen Barbaren vorhalten, daß sie die reine Vernunft von der praktischen Vernunft absondern oder, auf einer banaleren Ebene, die Wissenschaft gegen das Gewissen und die Freiheit gegen die Freiheit ausspielen, wenn wir uns selber der Mittel berauben, den Verrat anzuprangern?

Ist die lebenswichtige Notwendigkeit, die uns zwingt zu unterscheiden zwischen Kopernikus und Ptolemäus, zwischen Galilei und Bellarmin und erst recht zwischen einer Kultur, die die Frau unterdrückt, und einer, die sie befreit – zu unterscheiden zwischen dem Wort, das sich als inspiriert bezeichnet, und jenem, das in der Tat nach der Wahrheit sucht, kurz: Ist die Notwendigkeit, die uns zwingt, wieder den ethischen, befreienden Sinn unserer Vernunft anzuerkennen, letzten Endes nicht gerade mit der Stellung verbunden, die das Abendland in der Welt einnimmt, dieses Abendland, das gleichzeitig allmächtig zu sein scheint und unter Anklage steht, das – meistens zu Recht – als Musterbeispiel einer Wissenschaft ohne Gewissen angesehen wird?

In dieser Hinsicht scheint mir *Der verstümmelte Blick*, ein Buch des iranischen Philosophen Daryush Shayegan, höchst aufschlußreich. Shayegan wirft seinen iranischen Landsleuten vor, sie hätten das Wesen der westlichen Welt nicht verstanden, deren Wissenschaft, nicht aber deren Bewußtsein sie übernehmen wollten – sie träumten also davon, sich deren Leistungen anzueignen, ohne ihren metaphysischen und moralischen Kontext zu untersuchen oder überhaupt zu ahnen. Doch trägt die westliche Welt, die sich selbst vergißt oder sich allzu bereitwillig selbst relativiert, nicht die größte Verantwortung für das verzerrte oder »verstümmelte« Bild, das sich die Orientalen (oder die »Nicht-Okzidentalen«) von ihr machen?

Hören wir, was Shayegan zu sagen hat: »Als größte Illusion hatten wir die naive Überzeugung, daß wir die Dinge, die wir übernahmen, nach ihrem Wesen auswählen könnten: daß es uns möglich wäre, die Spreu vom Weizen zu trennen. Daß wir uns für Technik und Feuerwaffen entscheiden und uns heroisch den ihnen zugrundeliegenden subversiven, weltlichen Ideen verweigern könnten.«[2] Die Orientalen hofften, erklärt er, »einen Unterschied zwischen der Technik und der Metaphysik« zu machen, auf der sie beruht.[3] Aber, gibt er offen zu verstehen, das ist ganz und gar unmöglich: Die abendländische Physik habe nur durch die abendländische Metaphysik und in ihr einen Sinn. Die Instrumente der materiellen Macht erwiesen sich als untrennbar mit einem weltlichen Universum verbunden, und sie seien nur eine der Nach- und Nebenwirkungen dieses Universums. Damit es eine *sinnvolle* Technik gebe, müsse es Demokratie und Aufklärung geben.[4] Es müsse eine Entzauberung der Welt[5] und einen »Paradigmenwechsel«[6] geben. Man könne die Werte des Westens nicht annehmen, ohne gleichzeitig auf die »magischen und animistischen Denkweisen«[7] zu verzichten.

2 Vgl. Daryush Shayegan, *Le regard mutilé*, Albin Michel, 1989, S. 30. Vidiadhar Surajprasad Naipauls Werk *Crépuscule sur l'islam* (eine tendenziöse Übersetzung des englischen Titels *Among the Believers. An Islamic journey*), Albin Michel, 1981, enthält zahlreiche damit übereinstimmende Hinweise. Als es etwa um amerikanische Jagdflugzeuge geht, die der Iran Khomeinis gekauft hatte, faßt der Autor die Vorstellung, die sich die Ajatollahs davon machen, folgendermaßen zusammen: »Das war keine amerikanische Errungenschaft oder das Produkt einer fremden Wissenschaft, sondern eine ebenso internationale Waffe wie das Schwert, und sie gehörte zu den Waren, die auf dem großen weltweiten Basar angeboten wurden, so daß man sie lediglich zu kaufen brauchte, damit sie islamisch wurde.« (S. 47.)

3 Vgl. Shayegan, a. a. O., S. 33.

4 Ebd., S. 46.

5 Vgl. ebd., insb. S. 34 und 53.

6 Vgl. ebd., S. 65, wo diese Formulierung als Überschrift eines Buchkapitels dient.

7 Ebd., S. 89.

Ist es verwunderlich, daß Daryush Shayegan sich mit Nachdruck und Bewunderung auf einen gewissen *Pierre Bayle* beruft, jenen Mann, durch den die Moderne ihre kritische Dimension erhalten hat?[8] Mohammed Arkoun (der im übrigen von Shayegan oft zitiert wird) urteilt nicht anders; er betont, daß es für das islamisch-arabische Denken notwendig sei, sich mit dem Problem der »Geschichtlichkeit der offenbarten Wahrheit« auseinanderzusetzen, ein wirklich »kritisches Denken« auszubilden[9] und das *Ungedachte* des Islam einzuschätzen, um es mit dem Denken zu bewältigen.[10] Auch der Lyriker Adonis diagnostiziert dieses *Ungedachte*[11]; er weist darauf hin, daß der Glaube an die absolute, abgeschlossene, endgültige Offenbarung mit der Idee der Demokratie unvereinbar sei.[12] Nach dem Vorbild des gesamtislamischen Denkens habe man selbst die Dichtung des Islam lange Zeit dazu verpflichtet, allein das vollkommene und höchste *Wort* nachzuahmen. Eine Welt, die meinte, daß die gesamte Wahrheit in einem ersten und grundlegenden Text erreicht sei, schmähte und ächtete jede Neuerung, mochte diese nun poetisch sein oder nicht.[13] Trotz der *Nahda*, der islamischen »Renaissance«, wartet die Religion des Propheten immer noch auf ihren Erasmus und ihren Montaigne, ihren Bayle und ihren Spinoza – oder genauer gesagt, man muß, weil sie sich durchaus nicht auf kritisches Denken einzulassen scheint, befürchten, daß sie nicht auf derartige Männer wartet, sondern im Gegenteil

8 Ebd., S. 110-113.
9 Vgl. Mohammed Arkoun, *La pensée arabe*, Coll. Que Sais-je?, PUF, [4]1991, S. 120 und 122. Zur Frage der Geschichtlichkeit des Korans vgl. auch S. 59-61.
10 Ebd., S. 90.
11 Vgl. Adonis [d.i. Ali Ahmad Said], *La prière et l'épée*, Mercure de France, 1993, S. 312.
12 Vgl. die gesamte Untersuchung »Culture et démocratie«, ebd., S. 303-314.
13 Vgl. »Le fixe et le mouvant«, ebd., S. 9-71, insb. S. 13, 17, 35 und 60.

ihre eigenen Schriftsteller zum Tode verurteilt, wenn sie Salman Rushdie heißen, oder sie mit dem Dolch niedersticht, wenn sie Nagib Machfus heißen. Machfus, einer der größten Romanautoren unseres Jahrhunderts, der in seinen *Söhnen der Medina* das Verbrechen beging, in einer außergewöhnlichen Paraphrase der heiligen Texte die Religionsgeschichte der Menschheit zu erzählen – das Verbrechen, die *Menschlichkeit* der Religionen in allen Bedeutungen dieses Begriffs zu zeigen.

Das kritische Denken, also die Autonomie, scheint schwerlich mit den Werten vereinbar, die im »Nichtabendland« herrschen, wenn es zutrifft, daß der Versuch des »Nichtabendlandes«, vom Abendland allein die Technologie zu übernehmen oder sich unter den Nagel zu reißen, einer Äußerung Shayegans zufolge von einer doppelten »kulturellen Schizophrenie« herrührt: Die nichtabendländischen Völker und Individuen werden zwischen ihrer Kultur und erborgten »Werten«, die selbst nur Bruchstücke einer Kultur sind, hin- und hergerissen.

Doch es trifft ebenso zu, daß die westliche Welt selbst in einem Widerspruch lebt, da sie von ihrer eigenen kulturellen Tradition nur jenes Bruchstück bewahrt, das sie als zerrissenes Banner zur Schau stellt und vor den Augen der anderen schwenkt. Die Irrtümer der Iraner, wie Shayegan sie anprangert, sind ein Ebenbild der unsrigen. Der einzige Unterschied (der uns nur scheinbar zum Vorteil gereicht) besteht darin, daß wir zwar in einem verstümmelten, jedoch keinem schizophrenen Zustand leben: Im Gegensatz zu den Nichtokzidentalen haben wir die Werte der Autonomie und Freiheit »lediglich« vergessen, die unser wissenschaftliches Abenteuer und unsere technische Entwicklung bewirkt haben und rechtfertigten. Zwar sitzen wir nicht zwischen zwei Stühlen; doch vielleicht ist das noch schlimmer.

Im Grunde erlebt der »Orient« eine eindeutigere, wenn nicht sogar bewußtere Situation, weil er fühlt (und manchmal weiß), daß er zwischen zwei Wertordnungen oder Paradigmen hin- und hergerissen ist. Sein »Ungedachtes« ist der Krampfzustand angesichts unumgänglicher Kritik und des Autonomievorhabens. Für uns Okzidentale ist das Ungedachte der Verlust des ersten und letzten Sinns unseres eigenen selbstkritischen Weges. Zwei äußerst bedenkliche Situationen: Für den Nichtokzidentalen liegt die Schwierigkeit darin zu verstehen, daß die Kritik gerade nicht die Feindin des Heiligen, sondern dessen Vollendung ist, daß sie der eigentliche Ort der höchsten Werte sein kann und muß, daß der Begriff der Wahrheit, wenn er nicht mehr als etwas Absolutes aufgefaßt wird, seine höchste Würde erreicht. Das Problem für die Okzidentalen ist zu begreifen, daß sie weder die geistigen noch übrigens die materiellen »Vorteile« weiterhin aus ihrer Wissenschaft und Technik werden ziehen können, wenn sie gleichzeitig Gefallen an der Magie und an jener Heteronomie finden, deren Joch sie, wie sie sich einbilden, abgeschüttelt haben. Wir sehen unsere Technik nur noch als eine erfolgreiche Magie an. Aber keine Magie ist erfolgreich.

Das Ende des 20. Jahrhunderts ist nicht das Zeitalter des Argwohns, sondern das der Unredlichkeit. Auch auf diesem Gebiet stehen Orient und Okzident einander in nichts nach. Der Osten gefällt sich darin, scheinheilig so zu tun, als glaubte er, daß Europa nur seine materielle Macht und seine moralische Dekadenz zu bieten habe oder aufzwinge, oder auch darin, weiter Gottes Ratschlüsse für die Verletzungen der Menschenrechte – und insbesondere der Frauenrechte – verantwortlich zu machen, an denen er selber schuld ist. In dieser Hinsicht wartet man ungeduldig darauf, daß der Islam das Ockhamsche Rasiermesser bei sich anwendet: *Kein Sachverhalt, der auf der Erde andauert (zum Beispiel die Unterdrückung der Frau) und der persönlichen Interessen dient (zum Beispiel vielleicht denen der Männer), hat eine andere Ursache als diese Interessen selbst.* Man erwartet also, daß all jene Gehör finden, die im Islam eine explizite oder implizite kritische Deutung des heiligen Wortes wagen.

Was das Abendland betrifft, so habe ich genug von seinen Lügen und Ausflüchten gesprochen. Deren Inbegriff ist seine eigennützige Selbstvergessenheit. Unsere vielgestaltige »Rückkehr zu«, unsere orthodoxen Fundamentalismen, Kreationismen und Ökologismen sowie andere Alchimistenträume sind nichts anderes als Selbstverleugnung. Wie lange noch werden wir uns hinter den Mißerfolgen oder Niederlagen der Freiheit verstecken, um auf diese Freiheit selbst zu verzichten?

Wir vermögen nicht mehr zu erkennen, mit welchen gegnerischen Absichten wir konfrontiert sind und welche Pläne wir bekämpfen müssen. Wir wollen nicht mehr wissen, daß die Freiheit nicht von allen geliebt wird. Wir entäußern uns unserer selbst, und sogar in unseren »geistigen Erneuerungen« sind wir verzweifelt materialistisch. Doch nichts ist verloren. Vor allem, weil trotz alledem die Autonomiegedanken existiert haben; sie waren, also sind sie. Unaufhörlich bewahren sie ihre Leuchtkraft, selbst wenn wir sie vergessen. Sie haben die ganze Welt erfaßt, und aus ihrem Namen schöpfen die heutigen Kämpfer ihre Energien, jene Männer und Frauen, die für die Menschenrechte eintreten, die aktiven Feinde der Gewalt und Unterdrükkung.

Umgekehrt muß man die Tatsache betonen, daß die heutigen Feinde der Freiheit nicht mehr die Arglosigkeit der Tyrannen von gestern haben: Auch sie kennen die Namen ihrer Gegner. Sie kennen die Aufklärung. Die schlimmsten Feinde Voltaires haben Voltaire gelesen. Jene, die Taslima

Nasrin ermorden wollen oder die den Dolch in Nagib Machfus' Hals stießen, sind gewiß fanatisierte Ignoranten, wie es sie immer gegeben hat. Doch ich zweifle nicht, daß ihre Auftraggeber vollkommen »aufgeklärt« sind. Wenn sie nicht den lateinischen Sinnspruch gelesen haben: *deorum offensae, diis curae*[14], den Voltaire gern zitierte, oder wenn sie nicht den Satz Montesquieus kennen: »Allein man soll nur darauf hinwirken, daß die Gottheit geehrt werde, aber niemals sie rächen wollen«[15], so kennen sie doch den grundlegenden Gedanken genau, von dem sich solche Formulierungen ableiten. Sie wissen gut, daß er die menschliche Wahrheit, die unveräußerliche Wahrheit aller Menschen ist. Voltaire, Montesquieu? Sie sind ihnen nicht unbekannt, sie hassen sie.

Man wird einwenden, daß es hier nicht viel zu gewinnen gibt. Das muß man erst noch sehen. Denn wir wissen zumindest, was diese bewußten Obskurantisten treibt: der reine Machtwille, das bloße Verlangen, andere zu unterjochen. Die Negativität. Das Böse, wenn man diese Bezeichnung vorzieht. Nichts anderes ist daran beteiligt, trotz aller Scheingründe und Vorwände. Und zumindest wissen wir, was wir zu erwarten haben. Wir wissen, daß jede Diskussion nutzlos sein wird, denn unsere vernünftigen Argumente kennt der Gegner bereits.

Die Auseinandersetzung über diese Fragen ist heute so verwickelt, daß man, wenn man Gegner angreift, die oft einer anderen Kultur angehören, beinahe immer Angst hat, diese Kultur selbst zu verurteilen. Nun ist eine derartige Angst

14 »Beleidigungen der Götter sind Angelegenheit der Götter.« (A. d. Ü.)
15 *De l'esprit des lois*, XII, 4 (zitiert von J. Starobinski, *Montesquieu*, Seuil, 1994, S. 126) – deutsch zit. nach: Montesquieu, *Vom Geist der Gesetze*, übersetzt und hg. von Ernst Forsthoff, Tübingen, J. C. B. Mohr, o. J., 1. Bd., S. 261.

aber gegenstandslos. Dies um so mehr, weil die betreffenden Gegner, die »Barbaren«, von denen Rorty spricht, aus dem Westen wie aus dem Osten stammen. Und weil die blutigen Perversionen der Christenheit in den letzten Jahren kaum geringer als die des Islam waren. Außerdem nenne ich nicht nur diejenigen »Barbaren«, die zur physischen Gewalt greifen und dabei die höchsten Werte als Vorwand benutzen. Damit meine ich auch, man möge mir verzeihen, jene verspäteten Kinder, die in unserer Nähe und bei uns zu Hause alle erdenklichen Formen des Irrationalismus, und seien sie noch so harmlos, verkünden und verbreiten. Insbesondere jene, die sich nicht mit Unwissenheit entschuldigen können: die »Intellektuellen« – oder was von ihnen übriggeblieben ist, die so schnell zu Aberglauben und Götzendienst, Numerologie und Geobiologie, Sektierertum oder Synkretismus neigen. Nein, diese Leute können nicht behaupten, daß sie an der Barbarei ganz schuldlos seien.

Wenn ich übrigens auch nur im geringsten geglaubt habe, daß die Prinzipien der Freiheit und Autonomie ihrem Wesen nach »westlich« seien, so hätte ich dieses Buch nicht geschrieben. Die ständige, kritische, schmerzhafte, lehrreiche Entdeckung der Wissenschaft im Gewissen hat ihre Wahlheimat nicht allein in Europa. Es ist mehr als wahrscheinlich, daß die berühmte kleine Landspitze des asiatischen Kontinents nicht länger als jener bevorzugte Ort fortbestehen wird, wo der Mensch die ganze Wahrheit über sich selbst und die Welt wissen, schaffen, bewahren, lieben und durchdenken will. Doch was kommt es darauf an, solange nur der Anspruch auf Freiheit und Autonomie irgendwo auf der Welt erhalten bleibt?

Ihr Pessimisten aller Tendenzen, ihr Fortschrittsfeinde, die ihr allen möglichen Lehren gehorcht (doch, einer gehorcht ihr immer und allzusehr), ich gestehe euch also ganz bereitwillig zu, daß die Zivilisation Newtons und Spinozas wie alle anderen eines Tages sterben wird. Ich bestätige euch gern, daß die menschlichen Fortschritte niemals unumkehrbar sind, daß die schlimmsten Verbrechen im Namen der Wissenschaft und selbst des Gewissens (doch niemals ihretwegen) begangen wurden. Doch das ist kein ausreichender Grund für die Annahme, mit der westlichen Moderne müßte auch der Anspruch auf Wahrhaftigkeit sterben, der ein Anspruch auf Freiheit ist; das ist kein Argument, um die Ansicht zu rechtfertigen, daß »es keinen Fortschritt gibt« und daß niemals – um nur dieses eine Beispiel herauszugreifen – der Traum Morgans oder Condorcets (die wirkliche Gleichberechtigung von Mann und Frau) in Erfüllung gehen könnte. Das ist kein Argument, um solcherart die Zukunft zu überschätzen und nicht mehr an die Zeit zu glauben. Denn was wir dann sterben ließen, wäre überhaupt die Möglichkeit einer Zivilisation, das heißt einer *freien* Menschengemeinschaft. Aus bloßer Erschöpfung, aus Feigheit, jawohl; aus infantiler oder seniler Furcht vor dem Wolf, wenn der Wolf gar nicht mehr im Wald ist.

Oder vielmehr verhält es sich doch anders: Der Wolf ist immer noch im Wald; ich bin ihm begegnet, ich habe seine grünen Augen gesehen, und ich hatte Angst, weil ich ihm so sehr ähnelte, weil ich ihm so wenig ähnelte. Ich habe meinen Bruder, den Wolf, begrüßt, und ich bin zur Stadt und zu ihren Lichtern zurückgekehrt, die allerdings weniger geheimnisvoll sind als die schrägen Augen des geliebten und gefürchteten, feindlichen und brüderlichen Tieres. Lichter ohne Geheimnis, denn wir haben sie geschaffen. Sie ermöglichen es uns, nachts zu arbeiten und zu lesen, wenn sich der Schatten auf alle Tiere senkt.

Geschichte
in der edition suhrkamp

Aus der Zeit der Verzweiflung. Zur Genese und Aktualität des Hexenbildes. Beiträge von Gabriele Becker, Silvia Bovenschen, Helmut Brackert, Sigrid Brauner, Ines Brenner, Gisela Morgenthal, Klaus Schneller, Angelika Tümmler. es 840

Bernecker, Walther L.: Kleine Geschichte Haitis. es 1994

Beyme, Klaus von: Hauptstadtsuche. es 1709

Brackert, Helmut: Bauernkrieg und Literatur. es 782

BRD–ade! Vierzig Jahre in Rück-Ansichten. Herausgegeben von Otthein Rammstedt und Gert Schmidt. es 1773

Calic, Marie-Janine: Der Krieg in Bosnien-Hercegovina. es 1943

Eisner, Freya: Kurt Eisner: Die Politik des libertären Sozialismus. es 422

Eisner, Kurt: Sozialismus als Aktion. Ausgewählte Aufsätze und Reden. Herausgegeben von Freya Eisner. es 773

– Weder Sozialismus noch Kapitalismus. Herausgegeben von Freya Eisner. es 1982

Europa im Krieg. Die Debatte über den Krieg im ehemaligen Jugoslawien. es 1809

Evans, Richard J.: Im Schatten Hitlers? Historikerstreit und Vergangenheitsbewältigung in der Bundesrepublik. Aus dem Englischen von Jürgen Blasius. es 1637

Farge, Arlette/Michel Foucault: Familiäre Konflikte: Die »Lettres de cachet«. Aus dem Französischen von Albert Gier und Chris Paschold. es 1520

Farouk-Sluglett, Marion/Peter Sluglett: Irak seit 1958: Von der Revolution zur Diktatur. Aus dem Englischen von Gisela Bock. es 1661

Folgen der Französischen Revolution. Herausgegeben von Henning Krauß. es 1579

Goytisolo, Juan: Notizen aus Sarajewo. Reportagen. Aus dem Spanischen von Meralde Meyer-Minnemann. Mit zahlreichen Abbildungen. es 1899

Guilhaumou, Jacques: Sprache und Politik in der Französischen Revolution. Aus dem Französischen von Katharina Menke. Mit einem Vorwort von Brigitte Schlieben-Lange und Rolf Reichardt. es 1519

Hennig, Eike: Bürgerliche Gesellschaft und Faschismus in Deutschland. Ein Forschungsbericht. es 875

– Thesen zur deutschen Sozial- und Wirtschaftsgeschichte 1933 bis 1938. es 662

Herbst, Ludolf: Das nationalsozialistische Deutschland. 1933-1945. Die Entfesselung der Gewalt: Rassismus und Krieg. es 1285

312/1/12.96

Geschichte in der edition suhrkamp

Die Hexen der Neuzeit. Studien zur Sozialgeschichte eines kulturellen Deutungsmusters. Herausgegeben von Claudia Honegger. es 743

Rumänien. Geschichte, Wirtschaft, Politik 1944-1990. Aus dem Ungarischen von Anna Bak. es 1673

Jarusch, Konrad H.: Die eilige Einheit. Ein historischer Versuch. es 1877

Judentum im deutschen Sprachraum. Herausgegeben von Karl E. Grözinger. es 1613

Ketzer, Zauberer, Hexen. Die Anfänge der europäischen Hexenverfolgungen. Herausgegeben von Andreas Blauert. es 1577

Kritisches Wörterbuch der Französischen Revolution. 5 Bände. Herausgegeben von François Furet und Mona Ozouf. es 1522

Leroi-Gourhan, André: Die Religionen der Vorgeschichte. Paläolithikum. Aus dem Französischen von Michael Bischoff. es 1073

Meier, Christian: Die Ohnmacht des allmächtigen Diktators Caesar. Drei biographische Skizzen. es 1038

Meuschel, Sigrid: Legitimation und Parteiherrschaft in der DDR. es 1688

Negt, Oskar / Alexander Kluge: Geschichte und Eigensinn. Gewalt des Zusammenhangs. 3 Bände. Mit zahlreichen Abbildungen. es 1700

Scherrer, Jutta: Gegenüber dem Weißen Haus. Moskauer Tagebuch Herbst 1993. es 1903

Schrift und Materie der Geschichte. Vorschläge zur systematischen Aneignung historischer Prozesse. Herausgegeben von Claudia Honegger. es 814

Silj, Alessandro: Verbrechen, Politik, Demokratie in Italien 1943-1996. Aus dem Italienischen von Ulrich Hausmann. es 1911

Soboul, Albert: Französische Revolution und Volksbewegung: die Sansculotten. Die Sektionen von Paris im Jahre II. Bearbeitet und herausgegeben von Walter Markov. Die Übersetzung aus dem Französischen besorgte Claus Werner. es 960

Der Spanische Bürgerkrieg. Eine Bestandsaufnahme fünfzig Jahre danach. Manuel Tunñón de Lara, Julio Aróstegui, Ángel Viñas, Gabriel Cardona, Joseph M. Bricall. es 1401

Staritz, Dietrich: Geschichte der DDR 1949-1989. NHB. es 1260

Thompson, Edward P.: Die Entstehung der englischen Arbeiterklasse. 2 Bde. Aus dem Englischen von Lotte Eidenbenz, Mathias Eidenbenz, Christoph Groffy, Thomas Lindenberger, Gabriele Mischkowski, Ray Mary Rosdale. es 1170

Trotzki, Leo: Denkzettel. Politische Erfahrungen im Zeitalter der permanenten Revolution. Herausgegeben von Isaac Deutscher, George Novack und Helmut Dahmer. Übersetzungen aus dem Englischen von Harry Maòr. es 896

312/2/12.96

Geschichte
in der edition suhrkamp

Ullmann, Hans-Peter: Zwischen den Zeiten. Das Deutsche Kaiserreich 1871-1918. es 1546

Veyne, Paul: Foucault: Die Revolutionierung der Geschichte. Aus dem Französischen von Gustav Roßler. es 1702

Von deutscher Republik 1775-1795. Texte radikaler Demokraten. Herausgegeben von Jost Hermand. es 793

Vossler, Otto: Die Revolution von 1848 in Deutschland. es 210

Wahrnehmungsformen und Protestverhalten. Studien zur Lage der Unterschichten im 18. und 19. Jahrhundert. Mit Beiträgen von Edward P. Thompson, Rainer Wirtz, Pierre Caspard, Josef Ehmer, Detlev Puls, Patrick Fridenson, Douglas A. Reid, W. R. Lambert, Gareth Stedman Jones. Herausgegeben von Detlev Puls. es 948

Der Zusammenbruch der DDR. Herausgegeben von Hans Joas und Martin Kohli. es 1777

312/3/12.96